"声动冰城·
为爱
朗读"

Sheng Dong Bing

Cheng

Wei Ai Lang

Du

做一名读书给孩子听的妈妈、好老师

杨修宝 宋春生 赵 力◎主编

黑龙江教育出版社

图书在版编目（CIP）数据

"声动冰城·为爱朗读"：做一名读书给孩子听的
好爸妈、好老师 / 宋春生，杨修宝，赵力主编. -- 哈尔
滨：黑龙江教育出版社，2016.9（2021.6重印）
　　ISBN 978-7-5316-8982-9

Ⅰ. ①声… Ⅱ. ①宋… ②杨… ③赵… Ⅲ. ①读书活
动—文集 Ⅳ. ①G252.17-53

中国版本图书馆CIP数据核字(2016)第234934号

"声动冰城·为爱朗读"

——做一名读书给孩子听的好爸妈、好老师

杨修宝　宋春生　赵　力　主　编

责任编辑	李　博　景　明　邓玉洁	
封面设计	朱建明	
责任校对	唐彦伟	
出版发行	黑龙江教育出版社	
地　　址	哈尔滨市南岗区花园街158号 ［邮编 150001］	
印　　刷	北京时尚印佳彩色印刷有限公司	
开　　本	787毫米 × 1092毫米　1/16	
印　　张	22.25	
字　　数	200千	
版　　次	2021年8月第1版第2次印刷	
书　　号	ISBN 978-7-5316-8982-9　　定　价　　68.00元	

黑龙江教育出版社网址：www.hljep.com.cn
如需订购图书，请与我社发行中心联系。联系电话：0451-82533097　82534665
如有印装质量问题，影响阅读，请与印刷厂联系调换。联系电话：010-68812775
如发现盗版图书，请向我社举报。举报电话：0451-82533087

編 委 会
Editorial board

寄　　语
读书，给孩子听

松居直在《幸福的种子》一书中这样写道："念书给孩子们听，就好像和孩子们手牵手到故事国去旅行，共同分享同一段充满温暖语言的快乐时光。即使经过几十年，我们仍然以自己的方式，将这些宝贵的经验和美好的回忆珍藏在内心深处。孩子们长大以后，我才真正了解到，当时我用自己的声音、自己的语言讲了这么多故事的意义在哪里。我也发现，通过念这些书，我已经在他们小时候，把一个做父亲的想对孩子们说的话说完了。"正是这样啊，亲子共读时，在娓娓动听的故事中，在爸妈、老师绘声绘色的朗读里，孩子们知道了什么是和平、自由、爱国、诚信、尊重、敬畏、勇气、智慧、爱心、感恩，宽容、悦纳、热忱、乐观、纪律、责任、合作、团结、谦虚、谨慎、专注、勤奋……没有说教，随着故事，浸润童心。

吉姆·崔利斯在《朗读手册》一书中说："让儿童爱上阅读，唯一而且最重要的方法是为孩子朗读起来。"多年的教学经验告诉我，不要期望什么捷径一下子让孩子爱上阅读，最好的方法是大声读书给孩子听，坚持、坚持、再坚持。老师读书给学生听时，学生一边听一边把文字描绘的景物动态和人物形象在头脑中映射出一个看不见的世界，想象力、专注力、思考力均得到发展。一个会给孩子读书的老师，是孩子们最喜欢的老师，喜欢到常常央求老师："再给我们读一段吧！"

科学研究表明，大脑额叶是大脑进行认知加工，如记忆、语言、社会情感发展等的地方。大脑额叶的激活水平与个人阅读、语言等能力都存在关联。有研究者将15名年龄在一岁半和两岁之间的婴儿试分为两组，一组婴儿在母亲怀中由母亲引导阅读，另外一组婴儿则被安排在电脑屏幕前被动阅读屏幕显示的图画书。通过近红外光谱分析仪观察婴儿阅读时大脑额叶活动情况，发现第一组婴儿的额叶明显有更大的激活。由此证实，给孩子读书可以促进孩子脑神经发育，开发智力。

读书给孩子听的益处良多，毋需赘言，唯有践行！

2015年4月23日——世界阅读日，黑土地上一群儿童阅读推广人联合发起了"声动冰城·为爱朗读"的有声绘本阅读推广活动，并迅速得到社会各界的热烈响应，先后有百余位热爱阅读、热心公益事业的阅读推广大使行动起来，为爱发声，他们中有老师、有学生、有职员、有自由职业者、有全职妈妈、更有全国知名的阅读推广人……这些声音故事随着电波传递到孩子睡前的床头，传递到边远乡村小学的小喇叭中，传递到特殊教育学校盲童的点读机中……传递到每一个爱阅读、爱生活的人心中。随着大家合力耕耘，活动影响力越来越大，于是我们有了自己的"组织"——"声动冰城·为爱朗读"耕读绘，我们秉持"耕耘心田，读润人生"的信念，倡导"书香童年，有爱相伴"的理念，推广阅读，为爱发声！从此，有一种声音在冰城上空回荡："'声动冰城·为爱朗读'，做一名读书给孩子听的好爸妈、好老师。"

白驹过隙，转瞬一年，2016年的世界读书日，我们有了更大的夙愿，耕读绘在众筹网上发起众筹案：把这种声音、这份力量做一份记载，出版书籍，把"声动冰城·为爱朗读"进行中那些真实的亲子故事和美好的感悟收获以文字的形式记载，通过纸墨书香传递给更多家庭和学校。我们还要用出版书籍所得的回报资助筹建十个乡村校园广播站，为乡村小学的孩子们搭建故事课堂。我们的目的很简单：出版一本书，记录美好，一起为"为爱朗读"代言！建设乡村校园广播站，传递温暖和爱意，让那些有声故事飘进乡村儿童的耳中，让阅读的快意滋养他们幼小的心灵。

感谢志同道合的儿童阅读推广人，诚挚表述，写就76篇真情文字，感恩参与众筹的152位爱心人士，爱流涌动，使得该书得以出版。

为保证本书的品质，我们精益求精，力求让本书更为实用。扫描二维码即可听到作者说给孩子们的激趣导言，诱发阅读兴趣。绘本推荐导语，精要概述，利于好爸妈、好老师把握绘本主旨。正文部分有对绘本图文的精致解读、深刻体悟，有绘本教学的设计思路、朗读方法，有亲子共读的体会理解、思考感悟等等，让好爸妈、好老师在亲子共读、绘本教学时有启迪，有思路，有方法。

我们虽竭尽全力，但时间仓促，难免瑕疵纰漏，敬请读者批评指正！

杨修宝

2016年7月31日于北京

目录
Directory

好老师

访谈

好老师

让 我 们 一 起 ， 做 精 神 富 足 的 人

我为什么向孩子们推荐《神奇飞书》

文 / 爱威

云南出版集团公司
晨光出版社

神奇飞书

作者：[美]威廉·乔伊斯 文，[美]威廉·乔伊斯、乔·布鲁姆 图，王林 译
定价：38.00元

无论成人还是孩子，都会对《神奇飞书》这本书着迷。因为，每个人对书，都有崇高的情怀。书会让一个成人潸然泪下，也会让一个孩子破涕为笑。它为我们打开一扇扇通往未知世界的大门，让我们大开眼界；它也为我们抚平心灵上的一块块黑洞，让我们勇敢前行。它如涓涓细流，滋润每个人的心灵，陶冶每个人的情操。书是充满智慧的朋友，更是人生的指路明灯。如果你愿意走进它，它就会陪伴你一起成长。每个人的人生，都如同一本书，记录着我们的欢乐与悲伤，理想与希望。书让我们心灵丰富，内心强大。让我们共读《神奇飞书》这本书，一起做一个精神富足的人吧！

拿到这本书，立刻就被封面吸引：深红的暖色调，让我感觉如家般的温暖和踏实；大开本横幅设计，画面感十足，作者威廉·乔伊斯天才的创意，从荧屏挪到了书的封面上；还有那满页飞舞的书们、封面正中央那扇门，一切都撞击着我们的眼球，奋笔疾书的中年男士，抬起头来，深邃的眼神仿佛在告诉我们一个深远的故事……

主人公莫里斯·莱斯莫先生喜欢文字，喜欢故事，也喜欢书。他的人生就是他自己写的书，一页接着一页。每天早上，他都会打开这本书，写下他的欢乐与忧伤、梦想和希望。

可是，一场飓风，摧毁了莫里斯的一切，包括他的书。画面上，莫里斯的那本书里的字符，一个个飞出了书页，内页变成空白，色彩变得暗淡。这意味着他所有的人生积累，都化作乌有。灾难夺走了他的书，也带走了他的快乐、梦想和希望。

他漫无目的地四处游荡。可是，从他凄凉的背影中，我们看见，他分明还夹着一本书。或许，这本几乎微不足道的书，正是莫里斯点燃生活希望的火种。

果然，一直习惯于低头行走的莫里斯，有一天突然抬起了头，当他抬起头后，出现了神奇的事情。他看到一个可爱的女孩儿飘过天空，手里握着一本《神奇飞书》。女孩儿把这本书送给了他。正是这本友善的书，带着莫里斯走进了一个神奇的世界。

在那里，书籍就像孩子，要吃字母饼，要穿干净的衣裳。当然，也有老书，莫里斯先生为老书听诊，同时也在阅读老书的过程中体会各种惊险、欢乐，人和书就是这样相互依赖着生存的。有些书会飞到莫里斯前面，自动翻开书页。在这里，人与书的价值观不断碰撞、交融，无论莫里斯如何想整理书、驾驭书，但它们都倔强地按照原来的方式存在，不卑不亢地展示着自己的价值取向。

在那里，莫里斯探寻了一个又一个神奇的故事。他说："每个人的故事都很重要。"也就在此时，莫里斯又重新开始书写他的人生之书。这也意味着，莫里斯的人生，又重新充满希望了。这不禁让我们深思：莫里斯，是靠着何种力量走出低谷、找回自我的呢？

那就是，热爱书的力量，对梦想执着的力量。书让习惯于低头走路的他抬起头来。是他对书的强烈热爱指引着他，来到神奇的飞书世界，重新开启了人生的大门。他在书的世界里，游览瑰丽的风景，经历巧合的事情，体验斑斓的世界，品味多彩的人生。也因此，他重新开始书写自己的人生故事。莫里斯的人生之书，应该是大风大浪过后的宠辱不惊，表现出了去留无意的大胸怀、高境界。

莫里斯先生在书籍的陪伴中渐渐老去了。当他安然平和地离开这个世界的时候，就和曾经那个天使一般的女孩儿一样，恢复了年轻的面容。他的故事，已经幻化成一本书。当一个小女孩儿，睁着好奇的双眼，来到书的世界的时候，莫里斯的书悄悄地飞了过去，它满怀着莫里斯先生的爱与期待，自动翻开了书页，请她来读！小女孩儿读了起来，一个新的故事开始了……

书如人生，人生如书！莫里斯的人生，在书的承载下，以另外一种方式，在小女孩儿的人生

爱威，本名李威。高校教师，安妮花爱宝贝阅读馆馆长、教学总监，安妮花认证家庭培训师，早期阅读推广人 。2010年创办哈尔滨市首家私立少儿双语图书馆，占地面积350余平方米，藏书2万余册。爱威老师带领专业的教研团队，多次策划并承办了大型公益阅读活动，以帮助儿童构建双语思维能力，并生成阅读能力！

中得以延续！至此，我才真正理解了"飞书"的含义。每个人的人生，都是一本书，它以书的形式永存，飞进另外一个人的生活中，并得以代代延续！正是书籍，让我们每一个人不断汲取别人传递的爱与期待，让我们内心强大，精神富足，坚强勇敢地面对生命给予的挑战！

我和我馆内的孩子们，无数次共读这本书，无数次被它感动。我们热烈地讨论了各种问题，我们温暖地感受着这本书带给我们的力量。有一个问题和答案，至今让我难忘。当我问道："为什么莫里斯在离开的时候，容颜又变得跟年轻时一样？"一个只有5周岁的小女孩儿回答："因为他永远活在了他写的书中。"是的，她只有5岁，可是，孩子是天生的哲学家，她的回答，让我至今想起来仍然泪盈双眼。

踏进图书馆的那一刻，我们就走进了千千万万人的人生中。在他们中间，我们共同体味他们的快乐与忧愁、梦想和希望。每一个图书馆，每一个家庭的图书角，每一位讲故事的老师，每一位亲子阅读的妈妈，都是孩子们"神奇飞书"的世界及承托者。谨以此文，向全体奋战在早期阅读推广一线的同仁们致敬，让我们和孩子们一起，成为精神富足的人！

最后，让我们以博尔赫斯的经典语句结束：如果有天堂，那一定是图书馆的模样。

让 爱 温 暖 孩 子 的 心 灵

我为什么向孩子们推荐《大灰狼咕噜——羞耻的秘密》

文 / 布玉芳

未来出版社

大灰狼咕噜——羞耻的秘密

作者：[日]木村裕一 文，[日]宫西达也 图　荣信文化 编译
定价：26.80元

"羞耻的秘密"究竟是什么？就是大灰狼咕噜的妈妈竟然是黄鼠狼。怎么会这样？原来，咕噜刚出生不久就失去了妈妈，是黄鼠狼捡到了他，成了他的妈妈。鼠狼妈妈很爱很爱他，但咕噜却不想让人知道，直到有一天，黄鼠狼妈妈为了救他而死……这是一本洋溢着世间最温暖的母爱的绘本故事，它让我们知道，无论你的妈妈是富有还是贫穷，她对你的爱永远是最无私的。

当我第一次看到《大灰狼咕噜——羞耻的秘密》这本绘本故事时，就被它的题目吸引了，带着好奇打开绘本，不知不觉间被这个故事深深地打动了。我将这本书带给女儿，和她一起阅读，一起回味，体会故事带给我们的心灵启迪。女儿不仅喜欢这个故事，也喜欢宫西达也先生的绘画，她觉得这是她见过的最可爱的大灰狼和黄鼠狼。

故事中的黄鼠狼妈妈对孩子的付出是不求任何回报的。她虽然不是咕噜真正的妈妈，但当她捡到小小的咕噜时，就把他紧紧地抱在怀里。当咕噜在外面玩到天都黑了才回家时，妈妈一直悄悄地跟在他身后，如果被咕噜发现了，妈妈会笨笨地解释："我只是路过。"妈妈想牵咕噜的手，在漆黑的夜晚领他回家，听到咕噜对她说"我已经长大了，再也不需要你了"的话时，却还是温柔地说："宝贝，看到你没事就好。"甚至后来妈妈为救咕噜被打得奄奄一息时，看到咕噜后说的最后一句话还是"看到你没事就好"。每每读到这里我都禁不住会流泪。是啊！天下的妈妈都是一样的。"看到你没事就好"，这是所有妈妈共同的希望。

咕噜失去了爱他的妈妈，他不再认为妈妈是黄鼠狼是件羞耻的事，他真的长大了，成了真正勇敢和强大的大灰狼。

咕噜的成长过程和现在的孩子是多么的相似啊！在现实生活中，当孩子渐渐长大了、懂事了，也渐渐有了自尊心、攀比心、虚荣心。当读到"首领的妈妈竟然是黄鼠狼，如果被大家知道的话，那多么丢脸呀！"我不由地联想到，生活中孩子总会选择自己的方式来逃避问题。像咕噜一样，为了不再被嘲笑，他不找以前的伙伴了。他跑到远处的山里和别的大灰狼一起玩，跟他们聊东聊西，但他从来不说自己的妈妈是黄鼠狼；他选择和别的大灰狼打架来让自己变得强大。生活中，特别是男孩子，往往通过打架来发泄自己内心的失落，掩盖自己的脆弱，让自己的自尊心得到满足，但是结果反而更糟。咕噜的胜利并没有赢得大家的尊敬，却在一次遭遇了其他狼群暗算时被打得遍体鳞伤。黄鼠狼妈妈勇敢地挡在咕噜的前面，为保护咕噜，她受伤过重，永远地闭上了眼睛。最后，咕噜终于接受了自己有一个并不完美的妈妈的事实。他告诉同伴："这是我的妈妈，世界上最温柔、最可爱的妈妈，谁都比不上她。"不逃避现实、勇敢面对，就像咕噜承认这个不完美的妈妈，问题反而解决了。

作为母亲，我们总是无怨无悔，无私无畏地爱护和保护自己的孩子，我佩服黄鼠狼妈妈伟大的、无私的母爱，但也不赞成她当孩子遇到问题时一味顺从的做法。我们应该做一个智慧和勇敢的妈妈，告诉孩子正视现实，承认差异。爱孩子就不要让他失去后才知道后悔，咕噜付出的代价太沉重了。

看完这本书，我想让女儿知：在成长中每个人都有属于自己的隐私，在心底都有些许脆弱和敏感。我们要尊重别人，尊重别人的隐私。

我想让女儿知道：她并不缺少爱，爱其实就在她身边。只要怀有一颗感恩之心，就会发现这个世界充满爱。

我想让女儿知道：我非常非常爱她。我愿意和她一起面对生活中的一切不如意，支持和鼓励她勇敢地面对挫败和失落，让她的心中充满阳光，快乐地长大。

童话作家金小芙说过："种植什么，都不如种植感动来得愉快。"每个绘本故事都传递着感动，传递着善良、爱、希望和梦想，这不仅在孩子的心中播下爱的种子，也同样教育着家长和老师。让我们和孩子一起阅读，一起种植，一起感动，一起成长。

布玉芳，虎林市教师进修学校小学品德教研员。小学高级教师。从事品德教育教学研究十余年，指导多名学科教师在国家、省、市级优质课竞赛中获奖。曾获"虎林市优秀教师""师德先进个人"等称号。积极推动学科建设，通过德育课堂润泽孩子的心灵，促进学生良好品德的形成与发展。

找 啊 找 啊 找 朋 友

我为什么向孩子们推荐《我有友情要出租》

文 / 董晓烨

中国和平出版社

我有友情要出租

作者：方素珍 文，郝洛玟 图
定价：15.00元

像我的儿子贲贲一样，也许有很多小朋友习惯了很多大人围在身边，而不懂得如何去认识新朋友，如何和小朋友友好地相处，进而建立友谊。在众多绘本中，这个故事或许可以帮助孩子们。故事里的大猩猩和很多没有朋友的孩子一样，特别孤单！于是他想了一个办法——出租自己，没想到真的就有人来租他！咪咪——一个和大猩猩一样没有朋友的小姑娘，每天都来租友情，他们每天都玩得很开心！可是有一天，咪咪要离开了，那么故事又会发生怎样的转变呢？

我真的很爱这本书。这是我读给班里的孩子的第一个绘本故事，是我在"声动冰城·为爱朗读"全民阅读活动中录制的第一个故事，也是我曾经在幼儿园里与小朋友分享的故事。我很希望爱可以传递，我很希望故事可以帮帮那些没有朋友、不会交朋友的宝贝们！

首先，我爱这个美好的故事。一个孤独的大猩猩，一个可爱的小姑娘——咪咪，他们都缺少朋友的陪伴。大猩猩贴出写有"我有友情要出租，1小时5块钱"的叶子，引来了咪咪。每天咪咪都给大猩猩钱，大猩猩就陪咪咪玩，这样他们俩都很快乐！尽管在游戏的过程中，大猩猩笨笨的，可是他也是温柔的、宽容的。记得我和孩子们分享的故事，是两个好朋友猜拳的部分，这让刚刚上一年级的孩子捧腹大笑。"咪咪好狡猾！""大猩猩也太笨了吧，怎么总上当呢！""我才不觉得大猩猩笨呢，他就是要咪咪开心，那才是真正的好朋友！""你们看大猩猩对咪咪多好啊，她输了的时候，大猩猩是把脚重重地举起来，轻轻地踩下去。""是啊，我还发现大猩猩特别大度，对待朋友不斤斤计较，你看他被咪咪踩后，一定很疼，因为他都叫出声来了，还揉一揉脚趾头，这说明一定很疼，可他却告诉咪咪他不疼。"……友谊就在一天天的陪伴和游戏中建立了，当我们正为两个好朋友开心的时候，故

董晓烨，哈尔滨市继红小学校教师。哈尔滨市语文学科带头人，哈尔滨市语文学科骨干教师，哈尔滨市南岗区十大名师。曾获哈尔滨市"烛光杯"语文教学大赛特等奖，哈尔滨市语文教师素养大赛特等奖，全国名师工作室说课比赛一等奖。坚持每日和学生读绘本，相信绘本可以带着孩子们"向着明亮那方"前行！

事发生很大的转折——咪咪搬家了，离开了大猩猩。大猩猩好像又回到了孤独中，他又贴出出租友情的叶子。剩下的故事，就要靠大家自己想，不过绘本上留下了很多有趣的线索。

其次，我爱这一幅幅美好的图画。整个故事的画面让人感觉暖暖的，明黄、嫩绿、艳红，这样的色调让我们读故事的心情也明朗起来，同时为大猩猩和咪咪的友情而感觉到温暖。大猩猩巨大的身躯和萌萌的表情，像孩子一样单纯可爱。咪咪的调皮活泼也非常传神地跃然纸上，让阅读变得轻松愉快。我常常看着看着就会心一笑，心底里一声"这个鬼精灵"。最绝妙的图画里还暗藏玄机，仔细看，你会发现一只小老鼠一直就在大猩猩的身边，可是大猩猩从未留意。这个发现也许会让我有一点点惊喜，替大猩猩开心，这不，伙伴就在身边，你不会孤独的。再想一想，这只小老鼠又何尝不是寂寞的，何尝不是不肯主动交朋友的一个呢！心里只能默默祝愿，有一天，他们可以发现彼此，可以互相陪伴，让友谊发芽！还不仅仅是小老鼠，再仔细看，原来森林里还藏着狮子、豹、斑马、长颈鹿、鸵鸟等好多动物呢。我好替大猩猩遗憾和着急啊，这哪里是没有朋友呢，他们都可能成为大猩猩的朋友。可是，他们和小老鼠一样，只是旁观，谁也不肯主动地上前结交朋友。我和孩子们讲这个绘本的时候，孩子们争着说出自己的发现，有的孩子在替小动物着急的同时，也道出了自己的心声，其实就好像我们同学们一样，大家都想一起玩耍，要是谁都不好意思，大家就只能自己没意思，也谈不上什么友谊了！这就提醒我们，别像这些小动物似的白白浪费那么多宝贵的时间了。我想和同学们说，你想和谁交朋友，想和谁玩，你就大胆地去行动吧！多精彩！这就是阅读绘本产生的魅力，说话的不仅仅是文字部分，图画也在表达，也在感染，也在印刻。

其实，我还爱这个充满童心的作者。这个故事是台湾作家方素珍创作的。这个把《花婆婆》翻译成中文，并且以自身行动来担当的"花婆婆"，总是可以带给我们可爱的故事，可又不仅仅是可爱，还有思考，还有指引和警示。读她的故事，仿佛内心会被她照亮，不烦躁、不抱怨，向着美好、向着明亮去前行！我也非常喜欢她的《好耶，胖石头》，同样是可爱又有启示的好故事。我也很愿意做一个"花婆婆"，和孩子们分享故事中的温暖，为他们的人生增添美好的暖色，助他们成长，助他们今后有足够的能量抵御"严寒"。

不 一 样 的 精 彩

我为什么向孩子们推荐《勇敢的克兰西》

文 / 冯 蕾

二十一世纪出版社

勇敢的克兰西

作者：拉切·休漠 文/图，赵静 译
定价：29.80元

克兰西是一头全黑的白腰牛，这让他在白腰牛群里与众不同。拉切·休谟在《勇敢的克兰西》里为我们讲述了这样一头独特的小牛犊证明自我的故事。没有过多的沉重，没有连番的不幸，拉切·休谟用画笔为我们勾勒出一个比《丑小鸭》更加温馨、更加明快、更加励志的故事，让老师和孩子们在浓浓的亲情和友情中一同分享了克兰西成功的喜悦。

每个生命都是不同的，这种不同注定铸就每个生命不一样的成功；每个孩子都是不同的，这种不同注定成就每个孩子不一样的精彩。

作为白腰牛群里唯一一头全黑的小牛犊，克兰西是苦恼的，他生下来就背负着与众不同的"原罪"，为此，克兰西想尽办法让自己拥有白色的腰身。但无论是用雪花和带子，还是用白糖和油漆都没能让他变成一头真正的白腰牛，这为他打上了和族群里其他白腰牛们不一样的烙印。和丑小鸭一样，克兰西从最开始就成为家族里的异类。但克兰西又是幸运的，上帝在为他关上一扇门的同时，又为他打开了一扇窗，他因为自己的与众不同而拥有了享用丰茂牧场的权利。此外，他还有舐犊情深的父母，有慧眼识牛的头领，有展现自我的机会，更有情投意合的伙伴。比起独自在死亡线上挣扎，受尽白眼和嘲笑的丑小鸭，从未感受到孤单的克兰西用自己的与众不同谱就了一首温馨的成功之曲。在父母和伙伴的支持下，他打败了红背牛，实现了自己的价值。

当我和孩子们共同拿起《勇敢的克兰西》绘本的时候，敏锐的孩子们就发现了克兰西与其他牛的不同，故事也从此徐徐展开，和童话巨匠安徒生的《丑小鸭》一样，拉切·休谟为我们讲述了一头与众不同的小牛犊的故事。绘本简约可爱的绘画风格牢牢吸引住孩子们。克兰西的故事

冯蕾，哈尔滨市继红小学校班主任。小学高级教师。哈尔滨市语文学科骨干教师。曾获"哈尔滨市优秀教师""南岗区优秀班主任""南岗区优秀中队辅导员"等称号。因为对教育事业的执着，她愿意静静地守候着每朵花蕾如期绽放！

完全摆脱了以往此类故事的窠臼，没有压抑、没有沉重、没有歧视，也没有悲伤，相反，在看到克兰西被退休摔跤牛训练的图画时，孩子们的脸上洋溢着开心的笑容。比起丑小鸭孤单时的眼泪，克兰西训练时的狼狈让故事的基调更符合孩子的胃口，也给孩子们留下了更深的印象。当克兰西打败了红背牛取得摔跤比赛冠军的时候，我问孩子们，克兰西还会不会让红背牛在牧场上吃草。一个孩子挥舞着胖嘟嘟的小拳头说道："不给红背牛吃，他们是坏牛。"但当翻开下一页的时候，我们看到的却是白腰牛和红背牛一起享用肥沃牧场的画面，拉切·休谟用最儿童化的方式诠释了宽容和大度，最后更是用海尔佳的诞生把整个故事化作欢乐的海洋。当孩子们沉浸在克兰西成功的喜悦中时，我向他们提出了问题，克兰西为什么会成功？孩子们七嘴八舌地回答说，是因为克兰西没有白色的腰身，红背牛看不见，所以克兰西才能尽情享受肥沃的牧草，成长为一头壮硕的"白腰"牛。在孩子们的眼中，克兰西的成功是一种注定，但在我的眼中，这个故事的背后蕴藏着更多的意义。诚然，克兰西有着其他白腰牛都无法比拟的优势，但克兰西父母对他的亲情、海尔佳对他的友情、牛群头领对他的赏识都是克兰西成功的必要条件。试想，如果克兰西的遭遇与丑小鸭一样，父母嫌弃、没有伙伴、缺少机会，恐怕他根本就没有机会与红背牛走上摔跤场展现自己，最终的成功更是无稽之谈。

对于孩子们而言，《勇敢的克兰西》是一部轻松的成功童话，对于教师和家长而言，《勇敢的克兰西》则是一部严肃的教育寓言。也许孩子们听了克兰西的故事，会收获宽容、友善、信心和笑声，但我们合上这本绘本时，得到更多的是沉默和思考。和克兰西一样，每一个孩子都是独特且唯一的。作为教育者，我们要做的，就是挖掘这些特质的潜力，为每一个孩子制订符合其成长规律和自身特色的教育规划。克兰西能够吃到肥沃牧场的草料可能完全出于偶然，但如果把孩子们带入克兰西的故事，将未来学习发展的偶然性作为成功的条件，无异于是将人生作为赌注的一场豪赌，这种代价显然不是我们和孩子们所能接受的。从教育者的角度来看，每个孩子的未来可能只是班级里的几十分之一，但对于每个孩子和他的家庭，却是百分之百，这就要求我们教育工作者能够像白腰牛群的头领一样，发现克兰西的优秀潜质，并加以培养。

正如童话作家郑渊洁所说：每个孩子都是天使，关键在于我们怎样培养教育他们。正确的教育方式是发现孩子的长处，并鼓励他。

麻烦有时也可爱

苗苗老师带你一起读《珍妮和麻烦制造者》

文 / 耿玉苗

重庆出版集团
重庆出版社

珍妮和麻烦制造者

作者：［英］海文·欧瑞 文，托尼·罗斯 图，青豆童书馆、巴哑哑 译
定价：32.80元

珍妮的故事，让我们更有勇气去面对自己的困境。每个人都有很多很多的麻烦，如同玩打地鼠游戏，你用锤子打下去一个冒出来的地鼠，还会有新的地鼠从不同的地方冒出来。有时你心情非常好，仿佛全世界的花花草草都在对你微笑。麻烦可绝对不是个善解人意的家伙，它会突然不合时宜地冒出来，给你制造点儿晴天霹雳之类的"惊喜"！这是一本有趣的关于麻烦的哲学书，名字叫《珍妮和麻烦制造者》，是海文·欧瑞的经典之作，由天才画家托尼·罗斯绘画。翻开它，你会有很多惊喜！

一、走近作者、绘者

每一个优秀的绘本作品都凝聚着作者、绘者的心血和汗水，他们的智慧交织在一起，创造了美，他们杰出的创造力让绘本作品散发着别样的魅力和独特的芬芳。

海文·欧瑞，英国著名童书作家。她是一个天生的说故事高手，以善于呈现孩子眼中的世界而闻名。她出生于南非，大学主修英文和喜剧。曾先后出版《生气的亚瑟》《土拨鼠的礼物》等近百种绘本，作品被译为26种语言。其中，《生气的亚瑟》荣获英国1983年鹅妈妈新人奖。她还获得过法国尼弗国际文化奖等。此外，她还为儿童影视剧、电影写脚本，其中"大猫、小猫"系列剧获得了东京儿童影视节最佳影片奖。

托尼·罗斯是英国最负盛名的插画家和绘本画家之一，作品超过1 000种，包括为许多世界顶级作家的童书作品画插画。托尼·罗斯的作品有一种独特的幽默感，带着强烈的情感张力，以幽默的笔触与质朴的线条讲述故事，独树一帜的风格让人过目难忘。他的作品不仅被拍成动画片、电影，还被译成40多种文字，畅销全球100多个国家。由于他作为儿童插画师的杰出贡献，2004年他被提名为国际安徒生奖英国区候选人。他还曾荣获荷兰银铅笔奖、德国儿童图书奖、英国聪明豆图书奖银奖等诸多奖项。他现在和妻子居住在英国柴郡。

二、走进珍妮的故事

主人公小女孩儿珍妮认为她的麻烦是世界上最糟糕的，这些小麻烦是，感觉格格不入啦，笨手笨脚啦，被冷落啦，不被允许啦，必须撒谎才有人相信啦。她在房间里伤心地哭着，直到有一天，她的哭声被麻烦制造者听见……

麻烦制造者不是一个铁石心肠的人，他约珍妮第二天半夜到他的房子后面去，他把所有人的麻烦一个一个地分别放进袋子里，他要帮助珍妮选一个最适合自己的麻烦，从此告别麻烦，不再哭泣。

珍妮面对着成千上万的麻烦口袋，想找到一个适合的，能够自己驾驭得了的麻烦。可是，找来找去找到最后她竟然选择了自己的麻烦，她说："这些麻烦我能管得住！"说着，她轻松地把口袋扛到了肩膀上。珍妮扛着自己的麻烦口袋高高兴兴地跑回家，肩上的口袋好像也越来越轻了。

三、讲述、猜想与对话

伟大的故事，总是用最简洁的语言、最简单的画面阐述深奥的哲学思想。我们每一天、每一年的生活可能就像抛物线，有高峰，也有低谷，我们不可能在任何一个"点"停留太久。所以，得意时要谨慎，做好失意的准备；失意时别丧气，风雨后的彩虹更加绚丽。

好的故事，不能只用文字和画面来表达，还需要声音来展示全部的光华。讲故事的人要生动活泼地讲，津津有味地讲，眉飞色舞地讲。好的讲述者，应该具备演员的素质，让自己的生命全身心地沉浸在作品之中，让作品因为你的讲述而焕发勃勃生机。

耿玉苗，吉林大学附属中学小学部语文教师，东北师范大学特聘讲师。儿童阅读推广人，2016"阅读改变中国"年度点灯人。全国基础教育科研骨干，教育部"国培计划"一线专家。吉林省科普作家协会会员，绘本教学研究专家组成员，吉林省全民阅读协会青少年协会秘书长，吉林省大阅读研究所特聘研究员。

讲述的过程中时不时地让孩子对接下来发生的未知的情节进行猜想，这样可以锻炼学生的逻辑思维能力，拓展他们的想象力，提升他们的思考力。比如，珍妮的麻烦可能是什么？她最后选了谁的麻烦？带孩子一边猜想，一边阅读，类似经历一种有趣的阅读探险，在不断猜测、不断验证的过程中，故事徐徐展开，这是一种美妙的境界。

阅读的意义不是为了寻求唯一的答案，而是看到多种可能性。对话，能让我们看到多种可能性。有意义的对话往往源于一些有意思的问题，如："你有麻烦吗？你是否战胜过叫作'麻烦'的小怪兽？""珍妮为什么不选择一个没有麻烦的袋子？""这世界可能让麻烦消失吗？""麻烦制造者有没有麻烦呢？"讲述者要会问，巧妙设疑，在对话的过程中让孩子开阔视野、增长智慧。但更高层次的阅读是鼓励倾听者——孩子来发问。有时候提出一个问题，比解决一个问题更重要。

四、分享麻烦的意义

这不仅是珍妮的麻烦，也是所有孩子的麻烦，当然也是我们所有成年人的困惑。或许我们每个人都是珍妮，困惑的珍妮，迷茫的珍妮，走失的珍妮。珍妮离我们并不遥远，好好儿读读《珍妮和麻烦制造者》，做快乐的珍妮、自信的珍妮，不怕麻烦的珍妮！感谢珍妮！

愿读过这本书的每个人成为生活的智者，跟麻烦握手言和，与麻烦做朋友，从此不怕五花八门的各种麻烦，成为战胜麻烦的勇士！我们少给自己找麻烦，不给别人添麻烦，守住一颗平常心，修炼一颗宽容心，奉献一颗同理心，这样世界上的麻烦就会少一些。

珍妮有麻烦，我们也有麻烦，每个人都有麻烦。

麻烦也有意义！有阴雨绵绵的日子，也有天晴日朗的美丽，因为雨来了，我们才有机会遇见绚丽的彩虹。

麻烦也有意义！有高山的巍峨雄伟，也有溪流的蜿蜒诗意，因为有弯路，我们才倍加珍惜看似平平常常的生活，淡泊宁静何尝不是一种特别的馈赠！

用柔软的方式讲道理

《请，谢谢！》绘本分享

文 / 郭 聪

吉林摄影出版社

请，谢谢！

作者：［德］曼弗雷德·迈 文，［德］克里斯蒂娜·格奥尔特 图，朱显亮 译
定价：13.00元

这是"情商教育系列绘本"中的一本,专门为孩子量身打造。绘本以一只调皮可爱的小狐狸为主人公,通过小狐狸的一言一行潜移默化地告诉孩子要改变懒惰与自我的坏习惯,主动与别人沟通交流,成为讲文明、懂礼貌的好孩子。这个看似浅显的绘本故事,不同年龄段的孩子阅读后,心理上会有不同的感受,得到不同的收获。

每每拿起绘本,总是面带欣喜,心生柔软,不时地被精美的画面吸引,被精妙的设计打动,被唯美的文字感动。捧起《请,谢谢!》这本书时,怦然心动。

拿起这本书,封面上《请,谢谢!》的题目首先映入眼帘,看到这个题目,我猜测这是一个帮助孩子学会讲文明、懂礼貌的小故事,但我有些好奇,这种浅显、直白的道理会如何潜移默化地呈现出来呢?我也不禁有些担心,这不会是一个落入俗套的说教文章吧。再往下看,一只毛茸茸、红火火的小狐狸出现在视野之中。小狐狸的眼睛清澈、明亮,面带阳光般的微笑,正和小獾一起分享着玩皮球的喜悦,那份萌萌的可爱的样子让人一下子忍俊不禁,心生喜爱。于是,我轻轻地打开书,开始慢慢地欣赏图画,细细地品味文字。

随着小狐狸姑妈的到来,我们一起走进了小狐狸的生活。姑妈头上戴着一副黑边圆框眼镜,胸前挂着一条心形金属项链,严肃中又不失一种亲切感。从见面打招呼到开包看礼物,姑妈总是善意地提醒着小狐狸的言行,让小狐狸意识到与别人交往时要客气、尊重、有礼。也就是从这天开始,在姑妈的监督下,小狐狸说话时总要加上"请"和"谢谢"。其实小狐狸心里明白,但他总是懒得说,而姑妈的要求也让他心里觉得不自在。一天,当他偷偷跑出去玩

郭聪，哈尔滨市香坊区教师进修学校小教部主任，哈尔滨市"未来教育家"培养对象，哈尔滨市语文学科骨干教师，哈尔滨市语文学科带头人。曾获全国"百佳"优秀语文教师、"全国课程改革优秀实验教师""黑龙江省师德先进个人""哈尔滨市模范教师"、哈尔滨市"巾帼建功"标兵等称号。

要时，不小心迷路了，急得在森林里边哭边走，最后竟是"请，谢谢"这两个简单的词救了他，让他重新回到了爸爸妈妈的怀抱。从此，小狐狸喜欢上了这两个词，当他想和朋友玩儿时，他会说："请让我跟特尔玩一会儿，好吗？"当他玩得尽兴回家晚时，他会自责地说："请原谅我。"而当他知道姑妈要离开时，还主动送上亲手画的画作为礼物。小狐狸在不知不觉中变化着，变得不懒惰，变得不自我，变得主动和别人交流，变得讲文明、懂礼貌，也变得更让人喜爱。读完故事合上书，封底的小狐狸一手搭着小獾的肩膀，一手指着正在踢球的伙伴，眼睛笑成一条缝，正享受着友谊带来的幸福。

这本书我是和9岁的女儿共同阅读的，读过之后，我问女儿："你读懂什么了？"她不假思索地回答："要经常说'请，谢谢'这样的词，做个懂礼貌的好孩子。""懂礼貌只是说'请，谢谢'吗？"我追问道。"当然不是，吃饭时不出声音，经过别人允许才能动别人的东西，改掉挖鼻孔这样的坏毛病……这些都是懂礼貌的表现。"女儿想了想故事的内容回答道。"为什么要懂礼貌呢？"我再次追问。"因为懂礼貌的孩子大家才会喜欢。"女儿真诚地回答。"为什么要让大家喜欢？"我步步紧逼地问。女儿看了看我，微笑着说："因为别人喜欢你，才会跟你做朋友呀。""噢？那为什么要有朋友呢？"我故作不解。"没有朋友多孤单呀，就像小狐狸刚开始时那样，总是感到很无聊。"女儿的表情不那么兴奋了，若有所思地说："妈妈，原来我以为懂礼貌只是为了向别人展现自己素质高，现在我才知道，懂礼貌是为了让自己的内心不孤单。"

这些有哲理味道的话语，让我的心也不自觉地紧了一下，我想，这就是绘本的魅力吧。小孩子能读懂应该做什么、怎么做；大孩子读懂了为什么要这么做。真正能认识到为什么这样做时，行为就不止是一种习惯，更会成为融进血液中的修养了。

"讲文明，懂礼貌"，这个道理每个大人都想让孩子知道。但更多的时候我们听到的是口号式的生硬灌输。比如，讲文明，懂礼貌。见老师，问声好。见同学，问声早……这样的文字可能会记在头脑中，但文字背后的行为会深入孩子的内心吗？我不得而知。不过，《请，谢谢！》这样的绘本，让道理变得柔软了，如涓涓细流无声地流入内心，与骨髓和血液相融，滋养着鲜活的生命，成为内心生长的不竭动力。而这种生命的自发生长，不只是孩子，还包括我们。

童 心 画 友 谊

我为什么向孩子们推荐《好朋友》

文 / 靳灿波

明天出版社

好朋友

作者: [德]赫姆·海恩 文/图，王真心 译
定价: 31.80元

这是一本充满欢笑与温暖的绘本。海恩以他极具感染力的童心幽默和温暖亮丽的水彩笔，
创造了一个孩子眼中的友谊世界——三个好朋友一起骑脚踏车兜风、一起捉迷藏、一起假
扮成海盗破浪冒险……既能尽情嬉戏，又能和平解决问题。在欢乐中阐释友谊的真谛：好
朋友并不一定要无时无刻在一起，各自也可以有属于自己的空间和时间，即使分开了，也会彼此惦念。

为什么从幼儿园大班到小学低年级，许多老师和家长都在向学生推荐《好朋友》这本绘本？
带着这样的疑问，我捧起了这本书。没料想，看到这本书的第一眼，就被深深地吸引住了。
因为海恩以他富有童趣的彩笔，绘出超乎文字的缤纷想象。

憨态可掬的小猪波波、聪明伶俐的小老鼠强强、神气十足的公鸡咕咕是好朋友，他们认为好
朋友是永远不分开的。每天清晨在小老鼠强强和小猪波波的帮助下，公鸡咕咕叫醒农庄里所
有的动物。而后他们便相互合作骑一辆自行车去兜风，公鸡扶车把，小老鼠和小猪一左一右
去踩脚踏板。他们相互合作划一只小船，公鸡当帆，小老鼠划桨，小猪则用屁股堵住船底的
窟窿。他们搭了一个"人梯"去摘树上的樱桃，"人梯"从上至下依次是小老鼠、公鸡和小
猪……他们发誓要做一辈子朋友，因为好朋友是永不分离的，可是他们最后还是分开了！故
事的结尾耐人寻味：三个好朋友又相聚在美梦里……潜移默化地道出了友谊的真谛：好朋友
即使分离，只要依然相互关心，彼此间的感情就不会被冲淡！

在读书课上，我向学生推荐了《好朋友》这本绘本，并在"微信群"中建议家长和孩子进行
亲子阅读。之后，我还专门设计了以"好朋友"为主题的德育实践活动课："夸夸我的好朋

靳灿波,哈尔滨市继红小学校班主任。小学高级教师。哈尔滨市市级骨干教师。曾荣获全国传美教育"百佳班主任""哈尔滨市优秀班主任""南岗区教育系统职业道德先进个人"等称号,所执教的课、教学设计多次获国家、省、市级奖项。参加中央教科所《构建数学教学新体系》课题研究、人教版小学数学《资源与评价》《阳光假日》等书籍的编写修订工作。

友"——让学生介绍自己的好朋友，他（她）有什么优点，讲一个朋友间的小故事；"结识更多的好朋友"——将自己的好朋友介绍给其他人，使他们也成为好朋友。

孩子心目中的朋友不像我们成人想象的那么复杂，只要可以一起玩耍、游戏，有共同爱好就可以成为朋友。他们的朋友可能在不停地变化，但是与朋友在一起的快乐时光是他们愉快的回忆，通过"夸朋友"这个活动，让孩子将一幕幕快乐时光展现在同伴面前，让大家都来分享、共同聆听，从而使他们的童心世界多一份美好。通过"找朋友"这个活动，让孩子将同伴推荐给其他人，将多个朋友圈联系在一起，形成更大的朋友圈。这样的分享与交流活动不会因此止步，而是将在孩子的表达和关注中进一步延伸与扩展。正如苏霍姆林斯基所说："道德，只有当它被学生自己去追，获得亲自体验的时候，才能真正成为学生的财富。"

在儿童的眼里，万物皆有灵。靓丽的花朵、茂盛的绿草和可爱的小动物都是大自然的馈赠。我通过开展"我和小动物交朋友""爱护花草树木"等实践活动，让学生用自己的眼睛去发现美，用自己的心灵去感受美，用自己的双手去创造美，用自己的行动去传播美。这不仅丰富了学生的课外知识，更重要的是让学生发现大自然的美妙，培养了学生的爱心。与此同时，我还在班级设立了"绿色使者"小岗位，负责照顾班级绿化的红花绿叶。这不仅是责任意识的培养，也是让爱心生根。

每一本绘本，都有独特的寓意与作者想要表达的意境。不同的人读后，会有不同的感受。对孩子来说，有什么比年龄相仿、兴趣相投的好朋友一起游戏更令人快乐的事呢？对父母来说，要做孩子的好朋友，将关爱、陪伴和牵挂交织在一起，使彼此时刻拥有一种被需要的感觉。对教师来说，要形成和谐相处的班级氛围，就需要培养学生学会欣赏与宽容。两个朋友吵架了，想想在一起的快乐时光，还会和好如初。

绘本不仅仅是讲故事、学知识，而且还可以全面帮助孩子建构精神堡垒，培养多元智能。不读绘本的孩子不会怎么样，但读了绘本的孩子一定会不一样！更重要的是，多年以后，当他们回忆起和爸爸妈妈或老师一起读绘本的时刻，一丝愉悦会从心底升起，温暖他们的整个胸怀！

荒唐的事与神奇的书

见证一场奇妙的吃书经历——《吃书的孩子》

文 / 康晶

接力出版社

吃书的孩子

作者：[英]奥利弗·杰夫斯 文，杨玲玲 等译
定价：35.00元

这是一个值得每个人反思的故事。我们知道，奥利弗·杰夫斯的作品总是能在诙谐幽默的宣泄下找到令人思考的空间。亨利想成为地球上最聪明的人，可笑而无厘头的想法让他觉得吃书就是最快捷的方式。在吃书、啃书、嚼书、呕吐、读书的过程中才真正意识到：做什么事情都不能一口吃个胖子，要慢慢来才行。其实，这个故事不仅仅为孩子们提供了正确的阅读方式，更重要的是告诉大人们，知识需要一个倒嚼的过程，这远比读书的数量更为重要。

这是一个荒唐可笑的故事。这本书简直是太有趣了，很多孩子看了这本书都会爱不释手，忍俊不禁。可笑嘛，都源自于一个不可思议的吃书男孩。他的脑袋里总是装着奇奇怪怪的想法。故事中，我们发现，亨利经历了不停地吃，不停地嚼，不停地吞之后，事情变得糟糕极了，他觉得自己什么都不会了。最后亨利只能在生病中结束了荒诞的行为。故事结尾虽然亨利不再吃书了，但奥利弗·杰夫斯利用惊人的笔触，总能让孩子们欣喜若狂地见到一个个小意外：哇，就在书的背面又留下了一个清晰而熟悉的牙印，这一瞬间，我们再一次感觉到，就在巧妙的欢笑声中作者智慧地抛给孩子们一个巨大的"磁力光环"，读书吧！然而，逆转性的回力，没有一点儿牵强，荒唐的事，神奇的书，却自然地传达了最强烈的声音：读书才是孩子们获得永恒力量的最快乐、最幸福的选择。

书，是值得亲近的东西，但我们不得不承认，社会的浮躁与网络的影响，对孩子的冲击实在太大了。在强大的网络攻势下，孩子的空间越来越多地被手机和ipad所占领，"书"的功能便显得脆弱无力。作为教育者，我们深深地知道，"书"其实就是孩子的一种思想和文化，他们的世界本应该就在书里面。但是要想让孩子的心沉下来，从根本上认识"书"广泛的用途

康晶，哈尔滨市风华小学校教师。小学高级教师。致力于绘本教学研究，曾参与中国教育学会"十二五"规划科研重点课题，并在2014年的学术年会上，设计的教育活动"是蜗牛开始的"，获得大会说课竞赛的一等奖。

与神奇的魔力，绝不是一本绘本就能达到的。这让我想到了一本充满无限可能的书，一本关于书的"绘本"——《书，是什么东西？》。这本书站在书的角度谈论书的价值与用途，为孩子构筑了一个童话般的安静角落，应该能让他们记忆深刻吧！

想到这儿，我在第二天的课上开门见山地问孩子们："书，是什么东西呀？"我想用这样的问题试探一下孩子们对"书"的理解。然而，他们的回答远远超出我的想象，孩子们的理解倒是很特别，就像一句小诗，让我有种说不出的兴奋。有的孩子说："老师，我认为书，就是一部不会动的动画片吧！"说得多好啊，这的确是孩子身临其境后才会有的感受。我真的特别喜欢这句话，还把它引用在我开通的"故事宝宝讲故事"的开篇寄语中。孩子们对书有很多不同的理解，说着说着，孩子们就控制不住了，兴奋得争着向同学们传达自己对书的认识和感受。看着孩子们对书的热情，我也激动地说："其实书啊，就是一个安宁的角落。"我就不喜欢被打扰，让我躲在《鲁滨孙漂流记》的屋檐下，好好儿读读这本书吧！书，到底是什么东西呢？书就是帮助你智慧地理解生命的意义！当我说到这儿的时候，孩子们眼睛里流露出期待的眼神。于是，我便趁机翻到了这一页，"孩子们，你们看，书好像饼干，真好吃，有一个小女孩儿真的坐在这本书的书名下面，正在啃书呢！难道她是想尝一尝书是什么东西吗？"说到这儿，孩子们都笑了。我接着说："你们不要觉得奇怪，我这里还真有这样一本书！让我们一起去看看这本《吃书的孩子》吧！"孩子们听到我这样说，都不约而同地瞪大了眼睛，露出怀疑的表情，难道真的有这么离谱的吃书的孩子吗？

就这样，我把两本书巧妙地连接在了一起，让孩子在足够的空间下享受书的乐趣与神奇。聆听中，孩子们在持续的笑声中，一口气把所有的故事情节消化吸收，我发现这是一场孩子们与亨利之间共同完成的奇妙的吃书经历啊，不是吗？这时，他们才真正地懂得，虽然很喜欢"吃书"这样的怪主意，但却在亨利的荒唐事中找到了"读书"的价值，这远比"吃书"有意义得多了。不过，最重要的就是他们知道：很多事情跟亨利奇妙的吃书经历一样，一口吃不成胖子，凡事都要慢慢来。

在绘本教学的实践中，我们发现，课堂上随时会有灵感迸发，而绘本就拥有这样无限的可能和想象，只要我们勇敢地抓住它，花一些小心思、做一些小尝试，哪怕是只选其中的一句话，都会让孩子觉得快乐如此简单，世界如此美好，这样我们就会为孩子们创造一个不一样的绘本世界！

让 孩 子 插 上 想 象 的 翅 膀

我为什么向孩子们推荐《啊哈！幼儿园》

文 / 孔祥丽

南京师范大学出版社

作者：周兢 文，张蕾 图
定价：50.00元

啊哈！幼儿园

上幼儿园是孩子们第一次的集体生活体验。在幼儿园里可以认识很多新朋友，学到很多东西，还可以快乐地做游戏。故事里的这个小朋友对幼儿园生活充满了想象，而其实幼儿园生活又是另外一个样子。想象中的幼儿园奇特夸张，而真实的幼儿园温馨快乐，作者用对比的方式把想象和现实连接起来，幼儿园就成了孩子们的乐园。

丰富的想象力是孕育创造力的前提，是创新能力的源泉。爱因斯坦曾说：想象力比知识更重要，因为知识是有限的，而想象力概括着世界的一切，推动着进步，并且是知识进化的源泉。严格地说，想象力是科学研究中的实在因素。

身边有这样一个反面例子：一个成绩中等的孩子，跟老师描绘他想象中的以风能驱动的汽车，被老师当众指责胡思乱想，不把心思用在学习上。那个孩子非常沮丧，从此再也不向老师提问题了。

儿童的想象力是最丰富的，而如何激发和保护儿童的想象力应该是每位教师和父母的重要责任。在与世界其他国家青少年的测试比较中我们发现，我国青少年的想象能力远远落后。而改变这一状况，应从儿童抓起。

曾经在《读者》上看到过一则美国科普漫画家兰道尔·门罗的故事。一天，门罗收到一封邮件，发件人是一个12岁的男孩儿。男孩儿向他提出一个看似荒唐的问题：如果地球上所有人都挤在同一个地方，所有人同时跳起，再同时落地，会发生什么？门罗没有像大多数老师和

孔祥丽，黑龙江省教育学院小学语文教研员，副研究员。从事黑龙江省小学语文教学研究和培训工作，经常在省级教师培训和小学语文教研活动中承担专题讲座或指导教师的任务，2014年荣获"黑龙江省模范教师"称号。在教研培训工作中，她积极引领教师并指导学生养成终身阅读的习惯，让好书相伴，让书香浸润人生。

家长一样拒绝回答，而是翻阅资料、求教专家，给了孩子一个有趣的答案。通过这件事门罗发现，只要去求证，再荒诞的问题都可能有一个科学的答案，尽管那些假设性问题几乎不会发生，但对保护孩子的想象力来说意义非凡。门罗后来开设博客，专门接收孩子们的稀奇古怪的问题，并想尽一切办法一一解答。后来门罗将这些问题结集出版，书名就叫《那些古怪又让人忧心的问题》，而门罗的目的只有一个：保护孩子们的想象力。

华东师范大学学前教育专家周兢的《啊哈！幼儿园》，就是一本充分激发和保护儿童想象力的好书。

故事先给读者展示了这样的场景：

在想象中，早晨是大吊车把你从被窝拎出来，老虎给你穿衣服，早饭是一只霸王龙的蛋，之后乘坐巫婆的飞行毯去上幼儿园，天上会下一场巧克力暴雨，还可以和狐狸玩过家家，像蝙蝠一样倒挂着睡觉，骑着乌龟赛跑，和金鱼做朋友……这是一个多么夸张、幽默、神奇的世界呀！

但是，身边也常有儿童把想象的事情用于生活的悲剧，因此我们不能让他们总是生活在想象中，要教会儿童辨别想象和现实的差异，让他们具备在现实生活中的生存能力。所以在《啊哈！幼儿园》的故事中，在每一次奇特的想象之后，作者都会把你拉回现实中来，故事采用对比的手法，给读者展示了另一个不一样的现实生活场景：

早晨起来，是妈妈帮你穿好衣服，吃的是"鸡蛋+牛奶+蛋糕"，但是你一直都很健康。每天平平常常地上幼儿园，但是你很快乐！小朋友自己的游戏也很有趣。在小床上午睡，连梦都是香香的。小朋友在幼儿园的每一天都特别开心！幼儿园的每一个小朋友都是你的好朋友，你们一起玩耍，一起成长。幼儿园毕业要上小学了，和小朋友分别，你会很难过……这是一个多么快乐、温馨、甜蜜、难忘的生活呀！

在教师或家长绘声绘色的朗读中，孩子们一定特别开心，他们仿佛真的看见了一只霸王龙的蛋，真的坐在了巫婆的飞行毯上，还有那场巧克力暴雨……在孩子读懂理解了整个故事后，可以引导孩子也来想象一下，你会怎么起床？怎么吃饭？怎么上幼儿园？在上课、游戏时会发生什么特别的事情？你想交哪些特别的朋友？最后也可以想象一下小学的生活会是什么样的呢？

绘本最突出的特点是图文并茂，所以读图会意，也是一个不可忽视的环节。绘本中那些憨态可掬的小动物，暖色调的画面，都透出一种温馨感，让书本有了温度。让孩子们也来画一画吧，画一画自己想象中的幼儿园生活，画一画想象中的小学。

阅读是一种习惯，要靠学校、家庭和社会共同营造氛围，从小培养。阅读习惯一旦养成，会让人终身受益。这个理念已经被越来越多的老师和家长所认同，连续几年的国民阅读状况调查都显示，家长陪孩子阅读的时间逐年递增。而对幼儿来说，图文并茂的绘本故事是最好的启蒙读物。

想象力就如人飞翔的翅膀，就让我们好好儿保护孩子们的想象力，让他们飞得更高、更远吧！

在寻找中回味美好

我为什么向孩子们推荐《"星期四"要去哪里呢？》

文 / 李 萌

贵州出版集团公司
贵州人民出版社

"星期四"要去哪里呢？

作者：[澳]简宁·布赖恩 文，[澳]史蒂芬·迈克尔·金 图，漆仰平 译
定价：12.00元

这本书中的波波特别想知道 "星期四" 到底要去哪里呢？他不奢望能够留住它，他知道美好的生日会过去，他寻找 "星期四" 只是想和它说一声 "再见"。孩子们在读这本书时，会和波波一起经历美好的生日，会和波波在寻找 "星期四" 的过程中感受到淡淡的忧伤、淡淡的不舍，这些一定会激起孩子的情感共鸣。成年读者也会再次回味成长中的遗失的美好。

前几天爱人和儿子一边玩一边说，儿子你永远这么大，不要再长大，爸爸也停留在现在不再变老该多好！正玩得起劲儿的儿子完全没有注意到爸爸对这份父子相处的美好时光的留恋。一旁的我不禁莞尔而笑，大人和孩子都一样，对幸福、美好都想抓住不放，这让我想到前不久和儿子共读的一本书《 "星期四" 要去哪里呢？》。

整本书以蓝色为基调，既表现了两个好朋友在夜晚寻找 "星期四" 这一故事情节，又通过色彩传递了一种不舍的淡淡忧伤，用细线条勾勒轮廓，大面积涂上蓝、白等纯色，画面简洁，画风朴素。

和儿子翻看第一页，儿子马上被右上角的气球、饮料、蛋糕、玩具吸引了，"我过生日时也是这样"。看呀，孩子们对生日的记忆少不了这些元素。波波一定是过了一个非常愉快的生日：有朋友们的祝福，浓浓的友情包围着波波，更有孩子们喜欢的食物、玩具。一个画面，寥寥数字，就串联起了波波的生日和小读者的生日，孩子的世界就是如此容易共通。夜晚来临了，蓝色一下子占据了整个画面，波波的神情明显带着忧伤，他很清楚第二天来临时生日就会离开，他不奢求能留住美好的"星期四"，他只希望能够找到"星期四"并和它说再见。已经步入成人世界好多年的我，心被轻轻触碰了一下，为什么一定要和"星期四"说再见呢？是否可以理解为这个给波波带来快乐、幸福、美好的"星期四"对波波太重要了，能够郑重地说一声"再见"，是要把它牢牢记在心中。

波波很想知道"星期四"在星期五到来之前会去哪里？这说明波波对时间不会停住脚步这个事实非常清楚，但是对"星期四"的不舍，让波波寻找"星期四"的愿望格外强烈。溪水、猫头鹰、小银鱼、火车、海浪，都在渐渐远离波波，对他喊出的"再见"没有任何回应。读到这里，我和儿子与波波一样，心里难过，感到苦苦寻找的"星期四"正在默默地远去。波波五次问话，五次没有得到回答。"远处没有回答"反复出现了五次，每一次都使我们对波波找不到"星期四"而没办法和它说再见的悲伤的理解加深一次。"好难过"三个字特意放得大大的，波波的心情已经成功地传递给我和儿子，美好幸福的时刻总是匆匆。此时色调突然明快起来，波波想象中的"星期四"原来是大大的、圆圆的、亮亮的、能够让他开心的一切美好事物的总和。天上的一轮明月像一个银色的气球，儿子指着书中的月亮大声说："星期四，波波的星期四！妈妈，我心里暖暖的。"波波终于找到了他心目中那个集所有美好回忆于一体的"星期四"。看着月亮，波波也好，儿子也好，我也好，一定都在回味着幸福的生日场景，回味着朋友之间的友情，回味着蛋糕的美味，又一次看到了圆圆的蛋糕，明亮的生日蜡烛，朋友们洋溢笑容的脸，各色的生日礼物。波波突然感到很满足，那个能让他回味美好感觉的月亮抬头可见。这之后只要能看到月亮，波波就会再次回味"星期四"的美好。波波和"星期四"说过再见了，他睡得很安稳，因为梦中"星期四"也在陪伴着他。第二天随着太阳的升起，"星期四"不见了，不过不要紧，波波已经找到了它，美好的感觉会伴着"星期四"在波波心里深深扎根。

我想每一个成年的读者都有这样的经历，在我们潜意识当中会对那些即将远逝的美好有追寻的愿望，但我们缺少孩子们的那份执着，缺少了孩子们那份对美好事物敏锐的观察力和捕捉力。在繁杂的成人世界里忙忙碌碌，做着自认为很重要的事情，却没有了追寻"星期四"的行为。当我们捧起孩子的绘本，看着简单朴实的画面，读着短促反复的句子时，那颗长大的心是否也敏感起来了呢？

李萌，哈尔滨市虹桥第一小学校副校长。中学高级教师。哈尔滨市小学语文骨干教师。曾多次被评为"哈尔滨市优秀教师""哈尔滨市百名师德先进教师""哈尔滨市优秀班主任"、哈尔滨市"千优"教师。长期致力于绘本阅读推广工作。

绘本给儿童插上想象与智慧的翅膀

师生共读《我的幸运一天》

文 / 李清

凤凰出版传媒集团
江苏少年儿童出版社

我的幸运一天

作者：[日]庆子·凯萨兹 文/图，吴小红 译
定价：28.00元

这是一本充满智慧的绘本，非常适合3—6岁的孩子阅读。绘本讲述了一只小猪误闯了狐狸家的故事，小猪在危险时刻，沉着冷静，用自己的智慧逃离险境，使得贪婪狐狸的幸运一天竟变成了小猪的幸运一天。这本绘本告诉我们：不管遇到什么危险或困难，都不要害怕和慌张，要勇敢面对，动脑筋，想办法，才能化险为安，解决困难。

一直都喜欢庆子·凯萨兹写的绘本，因为她的绘本在精美的画面与优美的文字之间，常常蕴含着一个个深刻的道理，无论是教给孩子生存技巧的《不要再笑了，裘裘！》《蛤蟆爷爷的秘诀》，还是教孩子如何去结交朋友，怎样去爱的《小老鼠和大老虎》《狼大叔的红焖鸡》等，都深深吸引着孩子们阅读的目光。而《我的幸运一天》是庆子的又一经典之作。

当我在新书推介课上告诉学生们今天我们要读庆子·凯萨兹的绘本时，全班同学顿时欢呼雀跃。当我们照例推开故事的大门，封面上那只粉红色的小胖猪歪着头，蹦跳着瞅着大狐狸那调皮的样子出现在大屏幕上时，同学们都兴致勃勃地猜测故事一定讲述的是小猪变着法地捉弄狐狸的故事！

当一页页精美的画面徐徐展开，故事的发展一次又一次地出乎学生们的预料时，孩子们无不深深地被故事吸引。当他们看到这只肥肥嫩嫩的小猪竟然粗心地把狐狸家当成了小兔子的家，一个个都紧张极了！可看到狐狸打开门，而小猪惊诧无比地发现门内竟然是一只巨大的

李清，哈尔滨市香坊小学校教师。哈尔滨市语文学科带头人，哈尔滨市骨干教师。连续多年被评为"哈尔滨市优秀教师""哈尔滨市优秀班主任""课程改革先进工作者及师德先进个人"，以及香坊区"三型育人"名优特色"智慧型"班主任，获香坊区首届"十佳教师"提名。长期致力于儿童绘本阅读的推广。

狐狸，吓得头上的冷汗四处飞散，孩子们情不自禁地哈哈大笑起来……这时，我让孩子们猜想一下此时的小猪心里会想些什么。有的学生说："完了完了，这下我要惨了！"有的说："糟糕，怎么会是狐狸的家？"还有一个孩子竟然老气横秋地说："吾命休矣？！"班级里顿时笑声一片！

看到小猪被狐狸夹在腋下，转进屋去时，学生们的脸上不禁流露出惋惜的神情。同学们都在为小猪逃脱狐狸的魔爪想着各种各样的办法。有的说："小猪会跟狐狸介绍他是森林大王的侄子，如果狐狸胆敢吃了他，一定会吃不了兜着走。"有的说："小猪会好言好语说自己是手艺高超的厨师，狐狸如果吃掉他，只能饱餐一顿，如果留下他，却能天天吃上美味的食物。"一个个奇思妙想从孩子们的嘴里表述出来，他们的应对办法五花八门，带给我极大的惊喜。我由衷地觉得儿童的思维是多么的自由丰富，分明感到绘本阅读正在潜移默化地促进着孩子们想象能力的发挥。当读到小猪一次又一次凭借着智慧，让狐狸心甘情愿地为他洗澡、做饭、按摩的时候，孩子们纷纷为小猪的智慧而折服，情不自禁为聪明的小猪鼓起掌来。

故事读完了，学生们意犹未尽，照例思索故事带给我们的哲理。他们纷纷表示：无论遇到什么危险或困难，都不要害怕和慌张，应该立刻动脑筋，想办法，才能解决困难，战胜敌人。此时，我更加意识到绘本阅读对儿童心灵的启迪带来的巨大作用。

儿童需要教导、告诫，可由于年龄特点，枯燥的教育他们并不能真正地理解、记住，而色彩艳丽的绘本图画，声情并茂的班级读书氛围，能极大激发儿童的阅读兴趣。如果老师能借助听、读、猜、议、演、编等方式，引导学生通过观图想象，感受隐藏在图画背后的东西，通过朗读指导和评价相结合的方法，赏读精彩故事，运用猜测和验证猜测的策略，借助图画阅读，展开想象，丰富内心体验，孩子们就会在轻松愉快的氛围中享受阅读带来的乐趣，同时学会做人的道理，体会其中难能可贵的真情，更重要的是他们敏锐的观察力和感受力得到了培养，他们的想象能力、语言表达能力以及朗读能力也都会得到不同程度的锻炼和提升。

意大利教育家蒙台梭利认为："提高辨别细微差别的能力，才能有灵敏的感觉和很高的鉴赏力。只有具有灵敏感觉的人才能欣赏艺术品。"从心理发展来看，儿童内心蕴藏着天然和谐的艺术灵敏感觉，只要顺其自然地引导，其内心的感觉就会觉醒。引导儿童辨别细微差别能力的方式之一就是多欣赏高品质的艺术品，而绘本正是这样一种适合儿童阅读欣赏的艺术品，它可以刺激儿童的思维，激发儿童的创造力。所以，从小为孩子搭建欣赏美、感受美、创造美的绘本阅读体验，是多么的重要！作为一个老师，同时也作为一个对孩子寄予厚望的妈妈，由衷地希望：所有的幼儿、小学教师和年轻的爸爸妈妈们，都能携起手来，让我们尽最大的努力，使孩子们的童年因阅读而变得更加美好、更加幸福！

沙发底下的美好

我为什么向孩子们推荐《沙发底下藏着什么》

文 / 李艳丽

湖北美术出版社

沙发底下藏着什么

作者：［英］玛格丽特·马伊 文，［英］波丽·邓巴 图，马烁雅 译
定价：10.00元

这是充满想象和力量的绘本。当十分窘迫的爸爸听了两岁的女儿的建议去沙发底下寻找车钥匙时，幸福就已经开启了。沙发下藏着好多宝贝啊，神奇得出乎意料，就像在变魔术一样，每翻开一页书你都能看到完全想不到的东西……最终你会发现，其实幸福一直静静地藏在那里等着我们去发现。乐观地面对生活、享受简单的幸福就是孩子和我们共同的生活态度。

刚看到《沙发底下藏着什么》这本绘本时，一下子就被它的封面吸引了：一个一身红衣的小女孩儿坐在一个碎花布的沙发上，旁边那只瞪着大眼睛的狮子、从沙发背后探出头的龙和鸭子，还有匍匐在地上的爸爸，他们都微笑着看着小女孩儿……这样的画面是不是很奇特呢？翻开书，还有更有趣的画面呢：头戴平底锅的爸爸，抹着红脚趾甲的大象，骑着鸭子跑的女孩儿……如同所有绘本一样，这是一本会让图画说话的绘本，每一幅图画都充满了灵动和欢腾的气息，让我们的思绪跟着画面飞翔。

沙发底下藏着什么？很多成年人会回答：垃圾、灰尘和细菌。是呀，我们的身心已经沉溺于生活的烦琐，只顾低头赶路，却早已忘了看看周围的风景。而当我们走入生活瓶颈时，一身的尘土和满心的疲惫似乎又让我们找不到方向。当我们颓然不知所措时，我们是否能在生活中发现快乐，是否会在失望中看到希望，是否会看到乌云后面的灿烂阳光？这一切玛格丽特·马伊在《沙发底下藏着什么》绘本中给了我们答案。

李艳丽，哈尔滨市公园小学校副校长。小学高级教师。哈尔滨市语文学科骨干教师，哈尔滨市科研骨干教师，哈尔滨市语文学科带头人。曾荣获"黑龙江省课程改革先进个人""黑龙江省师德先进个人""哈尔滨市优秀教师""哈尔滨市优秀班主任"等荣誉称号。曾多次在全国、省、市各级语文教学大赛中荣获一等奖。参与教科版小学语文教材修订工作。

绘本中那个生活已经一团糟、似乎又要失业的爸爸，听了两岁的女儿的建议去沙发底下寻找车钥匙时，快乐和幸福似乎也在一点点临近，作者将我们带入一个充满无限想象与快乐的世界……当我给儿子读这个绘本，每当要翻下一页时，我就会停下来问儿子："猜猜沙发下面还会有什么？"儿子也天马行空地去想象，再加上他描绘的画面，一幅幅属于孩子自己的绘本就在头脑中形成了。在我们一起读绘本时，已不仅仅是绘本本身给我们带来的快乐，母子俩这样相依相偎地靠在一起，共读一本书，共同去想象，共同去描绘，本身就是一件幸福的事情。

安徒生说过："当我在写一个给孩子的故事时，我永远不会忘记他们的父母也会在旁边。因此我也得给他们写点儿东西，让他们想想。"我猜想玛格丽特·马伊有相同的想法。看看我们的身边，与那些做事慢吞吞、总能找到快乐玩法的孩子相比，他们的家长是焦虑的、烦躁的。他们每天忙于各种事情、陷于各种烦恼，他们唯独想不出的就是和孩子一起在沙发上坐会儿，和孩子一起修理修理玩具，蹲下来听孩子说句话，和孩子一起挖挖泥土、一起看看蚂蚁是怎么爬的，更不会和孩子一起去沙发下面找点什么了。而当孩子长大了，父母也老了，回首和孩子共同生活的时光，他们完全不知孩子是怎么长大的，似乎也回忆不出和孩子相处的快乐时光。究竟什么是幸福？我们以为的幸福是否又是真正的幸福呢？我们给孩子的幸福，是否又是孩子真正需要的幸福呢？《沙发底下藏着什么》故事里的那个爸爸，当他怀抱着两个咯咯笑的孩子时，当他温柔地看着那些离奇的小动物时，他由衷地说："我已经找到了我的梦想！大沙发靠背后面的收获，最终让我明白了生活是什么。"你相信吗？他这时想的不是工作，不是钱，但他感受到了幸福。因此，当爸爸说出这句话时，老爷车上的那片乌云不见了，连太阳都跟着微笑了。

如果说《沙发底下藏着什么》带给爸爸、妈妈的是思考，那么带给孩子们的就是快乐！当朋友家的孩子听了我录制的"声动冰城·为爱朗读"中的这个故事时，孩子天真地问妈妈："沙发底下为什么会藏着那么多东西？真的有那么多东西吗？那沙发底下会不会还有……呢？"从此，这个故事就成了这个小朋友的睡前必听的故事。或许，沙发下面那些美好的东西早就进入这个小朋友的梦乡了……想象的种子又随着他的梦，进入他的心……那是多么美好呀！

相信吧，那张充满挑战的沙发、那张令人愉快的沙发、那张属于孩子的沙发，一直静静地待在那里，财富和幸福也跟着沙发一直静静地藏在那里，只要你能驻足、弯腰、面带微笑……

先认识自己 再肯定自己

我们都是那只"有个性的羊"

文 / 林 楠

湖北长江出版集团
湖北美术出版社

有个性的羊

作者：［德］达尼拉·楚德岑思克 文/图，王星 译
定价：26.00元

在当今这个时代，"个性"一词似乎已泛滥得不再有个性，在我们盲目地追求个性的时候，这本《有个性的羊》也许能更好地帮助我们了解"我是谁？我需要什么？我该怎么表达"，而对于老师和家长来说，这本书也许能让你的心态更加平和，也许我们会遇到那个有个性的孩子，甚至常常为这种个性而头疼，然而，这样的个性也许会为你带来更多的惊喜。

在我首次接触这本《有个性的羊》时，恰恰是我对个性学生最感到头疼甚至反感的时候。那时的我，作为刚参加工作的年轻教师，看到那些不断表现自己"与众不同"的孩子时，总是气得直咬牙。你看，这个孩子总是在课堂上语出惊人，那个孩子总在站队的时候回头对后面的同学挤眉弄眼，天哪！这小子怎么跪着上楼……

我想，每一位老师都会被那些个性十足的学生气得无语，可当我看到那只像云朵一样蓬松又软萌的大绵羊，心里的气恼真的会慢慢消散。赫尔伯特不就是孩子们当中那个让人又爱又恨的个性娃吗？他太不听话了，逃避定期的剪羊毛，就像躲着收作业的老师，剪羊毛的人一定也被气坏了吧？可是这样的赫尔伯特，却可以悠闲自在地和伙伴们捉迷藏、滚草垛，玩难度大的旋转游戏，玩最刺激的跳水炸弹游戏……不管是玩什么，他竟然都是那个佼佼者！也许对于牧羊人来说，这个小家伙坏透了，可是对于其他几十只软绵绵的羊来说，赫尔伯特是又特别又令人羡慕啊！

林楠，哈尔滨市继红小学校班主任。所执教的德育课多次获得国家级、省级奖项。十年教学生涯中，始终坚信教学生"成人"比教学生"成才"更重要。热爱读书，也乐于引导孩子们读书，常常把书本作为礼物送给学生，希望通过书本，走进孩子们的心灵，帮助他们健康快乐地成长。

"赫尔伯特好特别哦！"一只羊对另一只羊说。每每读到这里，我都会一怔，然后忍不住想起自己。曾经，不，甚至是现在，我都想成为一个特立独行的自己。小时候的我，乖巧懂事，成绩优异，在学校是小班干，在家是小大人。我可从来不会做那些调皮捣蛋的事情……可是，在我内心，也是羡慕那些敢说敢做的小伙伴的。而且，我也常常希望自己成为一个与众不同的自己。那时候，大多数女孩内心做的都是公主梦，可在我的梦里，却总想化身女侠，仗剑江湖载酒行；那时候，我们写作文要常常看作文选，而我却因为不喜欢作文班老师让我们都写一样的东西，拒绝去作文班。在我们的内心，其实是渴望成为那只"有个性的羊"的。

读了这本书，我能更理性地接受孩子们的那些小个性。我希望给他们更多的成长空间，帮助他们正确地认识自己。就像书中的赫尔伯特，尽管他一身长长的羊毛让自己成为游戏中的常胜将军，让自己成为伙伴中最特别又惹人羡慕的那个，但是当他的毛继续长长，长到他自己已经无法负荷的时候，他不再快乐了。我想，对于赫尔伯特来说，能不能继续在游戏中获胜其实并不重要，重要的是，这样的个性已经开始限制了他追寻真正向往的自由。

是的，我们仅仅在追求一种与众不同吗？其实，放眼周围，与众不同的人太多了：有的人身着奇装异服，有的人言语刁钻刻薄，有的人生活方式超然洒脱……当所有的人都与众不同，就没有个性的存在了。与其说我们在追求个性，不如说我们是在追求内心的自由。而很多孩子身上的个性，恰恰限制了他们对自由的追求。那只真实版的赫尔伯特，独自跑进深山七年，没有伙伴的日子里，他又是怎样熬过孤独的每一天呢？我想，我们的孩子需要的一定不是这种孤独。所以，虽然我们不该随意限制孩子的个性发展，但是却要帮助他们去认识自己，引导他们善用自己的个性，让自己的个性成为集体中一种和谐的存在。唯有如此，这种个性才能获得肯定，最重要的是，要自己对自己认可。

现在，回想起给孩子们读这本书时，他们爽朗的笑声，不知是为了赫尔伯特在游戏中的肆意畅快而笑，还是因为赫尔伯特被一身长毛拖累得窘迫而笑呢？又或者是，为了那长长的羊毛所编织成的围脖儿为大家带来的温暖高兴地笑呢？

希望，每个人的个性都能成为那条让人温暖的围脖儿。

爱让我们茁壮

我为什么向孩子们推荐《别打扰我吃饭》

文 / 刘丽嘉

云南出版集团公司
晨光出版社

别打扰我吃饭

作者: [英]保罗·布莱特 文, [英]麦克·泰利 图
定价: 14.80元

《别打扰我吃饭》讲述了恐龙兄妹的故事，在儿童舞台剧的教学中，也是非常有教育意义的故事，它适合4岁以上的孩子阅读。故事中的哥哥泰伦是个脾气暴躁的暴龙，他有一个小小的、可爱的、总黏人的妹妹特莉。当哥哥泰伦饿了一天肚子不耐烦地撇下了她，孤身一人的特莉却遇到了巨大的危机，泰伦能赶回来救她吗？这个故事传递和表达着兄妹之间的亲情和爱，绘本里的故事细心地浇灌着孩子们心中那颗善良、纯真、梦幻的种子，用真挚的情感滋润着孩子。

在儿童舞台剧的课堂上我们阅读了《别打扰我吃饭》这个绘本。在阅读的过程中，孩子们对恐龙的知识非常感兴趣，他们沉醉在霸王龙、三角龙、剑龙的世界里，不仅仅是男孩子，女孩子也是如此。这是孩子们对未知世界的一次初步探索，同时也让孩子们仅仅通过图片就对这个故事产生了兴趣。

绘本将恐龙的一些凶狠的元素缩小。霸王龙兄妹拥有红色的皮肤，巨大的嘴，短小的四肢。但是，这些元素相结合，并没有让这个故事的画面阴森恐怖，而是充满童真童趣。绘本的图画将我们所幻想的恐龙世界描绘得色彩斑斓又异常壮美，又将我们带入这个奇幻的恐龙世界，感受泰伦捕猎的过程。

儿童舞台剧与传统口才班、舞蹈班教育不同，是属于多维的艺术形式，集台词、舞蹈、朗诵、道具制作、音乐、自信心培养于一体，是专门针对4岁以上的儿童创作研发的。儿童舞台

刘丽嘉，就职于哈尔滨师范大学音乐学院舞蹈与戏剧舞蹈专业，副教授。编导的舞剧有《最美茉莉花》《日记》《抓阄》等，并荣获多项奖项。

剧更看重孩子的体验和感受，在锻炼孩子的语言表达能力的同时，也更加注重孩子的肢体表现能力和思维创造力的开发。作为教师，应更多地挖掘孩子内心的真实感受，而不是硬性强加给孩子的固性思维，教师应激发孩子的想象力和创造力。这些最真实的感受和体验，最能帮助孩子健康成长。

孩子们对绘本故事进行表演。在选角色的过程中，孩子们并没有按照性别来选择。有的女孩子选择了泰伦，而有的男孩子则选择了特莉。孩子们的思维并不像大人那样受限制，他们有着无穷的想法。特莉并不代表懦弱，而泰伦也不是蛮横的象征，孩子们的世界单纯又可爱。

以表演的形式阅读绘本不仅能锻炼孩子们的语言表达能力，也能有效地开发孩子的肢体表现能力和思维创造力。霸王龙短小的前爪只有三根指头，霸王龙有着粗壮的大腿，沉重的步伐，他们粗声粗气地大声吼叫，在表演的过程中，孩子尽力模仿霸王龙哥哥泰伦的这些特征。而饰演妹妹特莉的孩子则是用外化的动作来表演特莉的黏人与可爱。

在教学中，我们将泰伦的语言语气作为重点，反复斟酌。泰伦对特莉破坏了他的几次捕猎后的台词都是："你怎么在这儿，小东西！快点儿回家，不要打扰我捕猎！"而对这句台词的处理我们进行了多次改版。这句台词并不是愤怒的表现，更多的是一种无奈。在表演的过程中出现了一个问题，表演泰伦的孩子们用手指指向饰演自己妹妹的孩子们，这一指却表现出泰伦的愤怒的情感，而且也是不礼貌的动作，于是我们纠正了这种动作。

通过观察绘本，最后由教师引导孩子，将听、说、表演相结合，从而使孩子们真正了解《别打扰我吃饭》这个故事的真谛。这是一个关于爱的故事，强壮、高大的哥哥身边有一个娇小、黏人、不断制造麻烦的妹妹。他该怎么办才好？也许妹妹早就知道，自己是哥哥的甜蜜负担吧。通过阅读这个故事使孩子们懂得：家人之间可能会发脾气、发生口角，但家人之间的爱与甜蜜确实是永恒不变的。

在故事的结尾，泰伦成功地解救了特莉，并俯下身抱起了特莉，紧紧地拥住可爱的小妹妹。这时，所有的爱与感情都已融进这个拥抱里！

铭记历史 珍爱和平

我为什么向孩子们推荐《哭泣的树》

文 / 刘明

东方娃娃绘本版

哭泣的树

作者：伊莲娜 柯恩-杰卡 文，莫里兹奥 A.C. 图，武娟 译
定价：28.00元

《哭泣的树》描写的故事发生在第二次世界大战时期的阿姆斯特丹。对于一棵栗子树来说150岁不算长寿，但这棵被小虫子侵蚀的树还记得那个名字叫安妮·弗兰克的小女孩儿很短暂的生命，以及她藏在国王运河路263号阁楼里两年的短暂时光。故事向我们传递的是坚强勇敢、珍视生命的人生态度。

在如今多元化的时代，历史是不能忘却的！于是我选择关于战争题材的绘本与孩子们一起分享。这个故事适合9岁以上的儿童，其实也适合成年人，每个人读过之后都会有不同的理解和启示。一棵树，是能量的源泉，是生命，是美，从阁楼的窗口，小姑娘看着这棵栗子树，把它随季节变换的景象描绘在自己的日记里，从而见证了时间的流逝和外面仍在继续的生活……每一段历史，无论是辉煌，还是耻辱，都是前辈留给我们的财富。如何面对那段悲壮的历史，我陷入深深的思索：那一段历史，那一个故事，到底应该让孩子们铭记什么？我们走近那一段历史的时候，到底该从中汲取什么？我们拨开历史的硝烟，除了看到血腥拼杀和民族的血泪，我们还能看到什么？

绘本中的栗子树无声地见证了历史，见证了一个13岁的小女孩儿像生活在笼子里的小鸟一样没有自由、没有希望的生活，但是她还要顽强地活下去！她还在每天写日记！今天的教师，作为文化的传播者，应该利用课堂主阵地，教育孩子们不忘历史，牢记历史。70多年前，世界经历了一场可怕的浩劫，像小姑娘一样的犹太人被剥夺了所有的权利。从1940年开始，他们被禁止这样……禁止那样……禁止……禁止……还要禁止……直到有一天：禁止活下去！

刘明，哈尔滨市经纬小学校教师。中学高级教师。哈尔滨市骨干教师，哈尔滨市数学学科带头人。曾获"哈尔滨市优秀班主任""哈尔滨市师德先进个人"等荣誉称号。哈尔滨市第二届数学教师素养大赛中荣获一等奖。参与《中小学实施中华优秀传统文化教育的策略研究》的课题研究工作，致力于把生命体验式教育融入课堂之中，打造动感课堂，培养孩子的"十商"，践行"十全"教育。

记住历史，就是为了更好地突出人性，保卫和平。和平源自自身的强大，和平源自历史的传承。自身不够强大，和平的支柱是脆弱的。邓小平说："落后就要挨打。你落后，连坐在谈判桌前的资格都没有。"我们要把爱国主义的种子播撒在每一个孩子心中。

一个民族的消亡，不仅仅是种族的消亡，更是文化的消亡！语文是什么？是工具性和人文性的统一，承载着厚重的文化基石，引领孩子从历史与英雄的故事中汲取正义的力量。好的作品总是这样，它表现战争，为的是远离战争；它表现残酷，为的是珍惜幸福。新的枝丫取代了腐烂的部分，小树为了长大，会在泥土里伸展，寻找养分，生长发芽。这段历史太沉重了，虽然这段历史已与我们的时代越走越远，但那段刻骨铭心的历史更应该让世世代代的中国人永远铭记。

如果一个民族忘掉自己的昨天，将不能创造辉煌的明天。《哭泣的树》这个绘本故事已经把一扇了解历史、走进历史、正视历史的窗户打开。走出这扇窗户，孩子们学会的是冷静的思考，构建的是一种宽阔的历史视野！我们应让战争成为过去，让和平书写未来！

当一棵树不再炫耀自己枝繁叶茂，而是深深扎根泥土时，它才真正拥有了深度。大量的绘本阅读提高了孩子的语感、思维能力和表达能力。故事为孩子留下了一笔宝贵的精神财富，引导孩子去体会父母对他们浓浓的爱，去体验幸福。爱孩子有很多种方式，那么就让我们注重培育他们的热情、宽容、幽默、勇敢等积极的心理品质，一起成为孩子心灵的呵护师吧！

妈妈的宝贝

我为什么向孩子们推荐《逃家小兔》

文 / 刘庶民

少年儿童出版社

逃家小兔

作者：玛格丽特·怀兹·布朗 文，克雷门·赫德 图，黄迺毓 译
定价：26.80元

《逃家小兔》描写了一个关于爱的捉迷藏的故事，简单得只有几段对话，但就是这几段对话，却构成了一个趣味盎然的小故事，成为儿童文学阅读文库中的经典。本书的作者是美国绘本界的先驱人物玛格丽特。她擅长用精简、游戏性、有韵味的优美文字来铺陈故事，不但能深深打动孩子的心，更能激发孩子的想象力。

很多绘本都喜欢用小兔子做主角：荷兰国宝米菲兔；英国淘气而又胆小怕事的彼得兔——《月亮，晚安》里的小兔子；法国的小兔汤姆——《猜猜我有多爱你》里面的兔子……但这本《逃家小兔》绝对与众不同。

跟《猜猜我有多爱你》一样，这是一本特别适合亲子共读的书。这本书讲述了一个小兔子和妈妈用语言玩捉迷藏的简单故事。这个故事简单到只有几段对话。十年前，我买了一批信谊世界精选绘本，《逃家小兔》就在其中。跟《驴小弟变石头》《猜猜我有多爱你》等相比，《逃家小兔》的开本小，看起来并不起眼，之所以买它，是因为色彩。是的，封面上瓦蓝的底色，带点儿荧光的黄绿色的草地，红色的花儿，草丛里卧着的一大一小两只白兔，对比鲜明的颜色，瞬间击中了我的心。翻开书，立刻又被内容吸引，因为书中那些押韵的语句，重复的句式，精美的、富有特点的画面，都和以前读的书那么的不同。

最喜欢的是这本书的图画，非常有特点。黑白的钢笔画与色彩浓丽的水彩画交织在一起，有文字的部分是黑白的，接着就是跨页的彩色部分。这部分没有一个字，完全用画面让读者感

刘庶民，哈尔滨市工农兵小学教师。中学高级教师。哈
尔滨市语文学科骨干教师，哈尔滨市科研骨干教师，哈
尔滨市语文学科带头人。曾荣获"黑龙江省模范教师标
兵""黑龙江省优秀教师""哈尔滨市优秀教师"等称
号。长期致力于儿童文学阅读的实践研究。

受缓缓流淌着的，温馨又自然的母爱。

绘本中的图画带给读者的冲击，真的不亚于它的文字！十年间，我与两届学生不止一次地共读过这本书，每一次读，孩子们都能得到不同的感受。一年级时，我们共读，孩子们发现小兔子不管变成什么，兔妈妈都会马上追到他。兔妈妈总是不急不躁地用她那温柔的声音说："如果你变成……我就变成……"多么奇特的想象，多么欢快的追逐啊！有的孩子马上联想到了生活中，不管自己到哪里，在做什么，总有一个人在关注着自己，那就是妈妈！孩子们在说这样的话时那种幸福的表情，让我也不禁露出微笑。三年级时，我们又重读了它，这一回，很多孩子都说到了妈妈总是默默地支持自己，不管到哪里，妈妈的心都跟随到哪里。妈妈的爱，是无私的，是伟大的。

我一直认为好的绘本适合各种年龄段的人来读，因为每一个人，每一个年龄段的人读起来都会有不同的感受。当我的学生们长大以后成为父母，给他们的孩子也读起这本书的时候，会不会想到自己童年时读到这本书的情景呢？

看过许多表现父母之爱的作品，总是觉得过于沉重，让人流泪，并不是说那样不好，但是像这样轻松的、愉快的、坚定的爱，是不是更适合，或者说更应该让我们的家长、老师多读一读，学一学，做一做，不要让爱成为孩子心灵的负担，精神的枷锁。

兔妈妈没有因为小兔子说要跑走而大惊失色，进而进行一番思想教育，而是顺应着小兔子的想象，用温柔的、理解的方式让孩子说出：我不如就待在这里，当你的小宝贝。温柔的力量，母爱的力量是多么不可思议啊！

正如一篇书评所评价的那样：《逃家小兔》总是能让年幼的小读者感到一种安详宁静的愉快。因为几乎每个幼小的孩子都曾经在游戏中幻想过像小兔子一样离开家，用这样的方式来考验妈妈对自己的爱。小兔子一遍又一遍地说，就是要来确认妈妈是否爱他，妈妈不会离开他。妈妈永远在身边，真有一种妙不可言的安全感。

因为，我们都是妈妈的宝贝。

我的决定，我坚持

我为什么向孩子们推荐《犟龟》

文 / 刘 玥

二十一世纪出版社

犟龟

作者：[德] 米切尔·恩德 文，[德] 曼弗雷德·施吕特 图，何珊 译
定价：25.00元

本书作者米切尔·恩德是公认的20世纪最伟大的幻想文学大师。德国的文学界称赞他"在冷冰冰的、没有灵魂的世界里，为孩子也为成人找回失去的幻想与梦境"。随着我们孩子的慢慢长大，将遇到许多困难，《犟龟》向孩子们传递着不怕困难、坚持努力的精神。《犟龟》告诉我们一个道理："认准目标，坚持到底，哪怕艰难险阻，也无所畏惧。"

本书图画精美，绘者曼弗雷德·施吕特在图画中还增添了许多文字以外的细节：乌龟淘淘送给狮王的礼物，几乎每一幅画中都有；乌龟淘淘在封面上和故事最后的微笑等。这些细节在文中都没有提到，但其存在却使整个作品更加丰满，也更具想象的空间。

本书文字精练，书中人物所说的每一句话都突显了他们的性格特点。如，淘淘一直对其他动物说："我的决定是不可改变的！""只要坚持，一步一步总能走到的！"这就可以看出淘淘的犟与执着；当淘淘靠近壁虎茨茨时，茨茨眯缝着一只眼睛，迷迷糊糊地说："站住！你是谁呀？打哪儿来？要上哪儿去？"由此可以看出茨茨的傲慢、不屑一顾。

这本书中还有一个很大的亮点，那就是书中除了文字与图画外，德国著名作曲家威尔弗里德·希勒根据故事的内容和节奏，特意谱写了10支曲子，这10支曲子与图画、文字相互衬托，紧密融合，使乌龟的形象更加鲜活，故事的节奏也更为紧凑。

在与孩子分享这本绘本的时候，通过看、听、说等多种形式了解故事内容，感受犟龟的毅力，理解和学习犟龟坚持到底、不怕困难的精神。故事中出现的乌龟、蜘蛛、蜗牛等都是孩子们生活中很容易看到的小动物，这样可以有效地进行生活迁移，使孩子在生活中将乌龟性格慢、行动慢的特点有效地与故事内容相联系。

《幼儿园教育纲要》中指出"教学活动内容的选择要遵循以下原则：1.既适合幼儿的现有水平，又有一定的挑战性。2.既符合幼儿的现实需要，又利于其长远发展。3.既贴近幼儿的生活来选择幼儿感兴趣的事物和问题，又有助于拓展幼儿的经验和视野"。在讲述故事时，应该把角色形象表现在故事中，每一个小动物的语气都是不一样的，这样才能使孩子更深刻地感受到故事中不同角色的特征，体会到犟龟不怕困难、坚持到底的精神。提出有针对性的问题，并将问题前置，让孩子带着问题读故事。

同一个绘本故事要与孩子反复阅读，读第一遍时，享受一个有趣的故事；读第二遍时，懂得一种认知的方法；读第三遍时，学会一些有用的知识；读第四遍时，完成一样动手的作品；读第五遍时，掌握一项思考的窍门；读第六遍时，了解一类生活的情趣；读第七遍时，体验一次好玩的游戏；读第八遍时，形成一幅美丽的图画……正是在反复地带着层层递进的问题去阅读的时候，孩子才能更加懂得故事中要传递的思想，才能真切地体会到主人公的情感。

在分享故事的时候，孩子们说"乌龟性格慢、动作慢，是不会赶得上参加婚礼的"，"乌龟本来就慢，还找错了方向，根本来不及"，"乌龟应该听蜘蛛的建议，不要去参加婚礼了"，"壁虎已经告诉乌龟，狮王二十八世已经死掉了，乌龟现在应该回家"……孩子们的讨论从开始建议 "乌龟淘淘不要去参加婚礼"升级到"淘淘实在是太犟了"，这些建议甚至有些"指责"的味道。孩子们带着这一系列的疑问继续阅读，仿佛跟随着犟龟淘淘一路慢慢地走着……就这样走了很多天，穿过了树林和沙地，日夜不停地赶路。虽然他错过了狮王二十八世的婚礼，可是他却参加了狮王二十九世的婚礼。

原来只要上路，就终究没有落空那回事；原来只要不停地走，虽然实现不了这一个愿望，可是另外一个更隆重的庆典却意外地开始了！记住儿童文学作家梅子涵在推荐这本绘本时说的一句话：上了路，就天天走，总会遇见隆重的庆典。

刘玥，哈尔滨市妇联托幼实验中心教师，黑龙江省教育研究会第一届理事会会员。连续两年被评为"哈尔滨市市直机关新一代创业标兵""市直机关青年创新创优能手"，获得市妇联记功奖励，被评为妇联系统优秀教师。在哈尔滨市幼儿园教师岗位练兵活动中被评为先进个人。组织的教育活动多次在省市级幼儿园教学活动评比中获奖。

孩子，你是勇敢的

我为什么向孩子们推荐《魔奇魔奇树》

文 / 卢靓晔

魔奇魔奇树

作者：［日］齐藤隆介 文，［日］泷平二郎 图，彭懿 译
定价：36.00元

《魔奇魔奇树》讲述了一个胆小的孩子，不敢在黑夜独自上厕所，不敢看屋外魔奇魔奇树，但为了救爷爷他把一切恐惧抛到脑后，勇敢地在黑夜下山请医生的故事。故事有点儿长，情节也不是特别有趣，但是内心的恐惧正是很多孩子在成长过程中都会体验的一种情感，这本书正是帮助孩子学会如何克服恐惧，做一个因为爱而勇敢的孩子。

经常有家长会问我给孩子看些什么书好，因此尽管我的女儿格格已经长大，我依然保持着不断阅读绘本、推荐绘本的习惯。最初读这本《魔奇魔奇树》，是因为一个好朋友的推荐，她的绘本储备量让我对这本其貌不扬的书不敢轻视。这本书我认认真真地读了一遍，读完之后，我毫不犹豫地选择了将这本书推荐给孩子。

许多时候，我们需要蹲下来从孩子的视角看世界，这样就能理解孩子的感受。故事里的豆太不敢独自去小便，这种莫名的恐惧是很多孩子在童年的时候都曾经经历过的，只是当孩子们长成大人以后就忘记了当年的小秘密。当我把这个故事读给我同事那个不太喜欢上幼儿园的儿子听的时候，他那闪亮的大眼睛分明散发着喜悦，从他的表情中可以读出他的内心，"原来这个世界上不止我一个人怕黑"，"胆小的孩子也可以变得勇敢"。据说孩子回家后要妈妈给他不断重复这个故事，由此我明白了孩子需要被理解。当他不断重复一个故事的时候，故事的主人公一定让他看到了自己的影子。走进孩子的内心世界，找到那个影子，帮助他找到阳光，就是我们教育工作者的本职工作。

卢靓晔，哈尔滨市道外区教育局高职科学前教育视导员。曾被评为"黑龙江省先进个人""哈尔滨市优秀教师"，多次获得区级记功、记大功和德育先进个人荣誉。真心热爱每一个孩子，愿意利用自己一点一滴的影响，让越来越多的孩子喜欢读书，让孩子从热爱读书开始热爱生活，从阅读绘本开始阅读人生。

豆太对魔奇魔奇树的渴望，就如同蒙头盖在被子里的孩子打开一道缝隙，躲避着外边的世界却又期待看到外面世界的精彩。幼儿在集体生活中有时候会表现出不合群，不愿意参与到小伙伴们的游戏中来，但是孤独的小身影又围绕着热闹的团队不愿离去。其实这个时候的孩子在内心深处是渴望能够参与到游戏中的。当孩子不能自己走出孤独的时候，教师就需要小心翼翼地搭建一座桥梁，帮助小朋友顺利走进快乐的殿堂。这对孩子未来的社会角色的定位至关重要。太多的有关心理学的影视作品都让我们看到，很多成年人的心理问题都根源于童年的伤害。所以幼儿的问题不会随着年龄的增长而消失，问题一直都在，除非我们科学地解决它。豆太是幸运的，在他仰慕爷爷和爸爸都见过发光的魔奇魔奇树，叹息自己没有勇气看到美丽的发光树的时候，一个突发事件让他排除了自己的心理障碍。

爷爷生病了，只有豆太独自去请医生，爷爷才有救。豆太对爷爷的爱超越了对黑暗的恐惧。他勇敢地跑进黑夜里去找医生，这就是爱的力量。孩子内心的驱动力是最强大的。我们愿意给予孩子尽量多的关照和抚慰，但是我们更应该给予他们成长的机会和鼓励。伏在医生爷爷背上的豆太是放松的，他已经把恐惧和担忧抛在身后，因此他看到了发光的魔奇树，他看到了爷爷被救的希望。这份鼓励让所有渴望勇敢的孩子有了战胜恐惧、战胜自我的力量。只要坚定地朝着目标进发，就会看到"发光的魔奇树"。阅读就是在别人的世界里关心自己。每一个听故事的孩子都有一棵自己的"发光的魔奇树"，教育就是引导孩子能够树立目标，能够坚持战胜困难达到目标。

整个故事虽然不优美，却让我经历了心理上的起伏，从理解到担心，从担心到紧张，从紧张到放松，从放松到释怀，这不也正是看着孩子们成长中，我们的心路历程吗？无论作为妈妈，还是教师，我们都不能越俎代庖，因为我们无法做他们一辈子的保护者，同时我们也不能忽略孩子们的感受，因为他们无法清晰准确地表达自己。孩子们需要我们去理解，更需要我们去鼓励，让他们在经历中成长。

最后特别想提及的就是很少在儿童作品中出现的场景，书中关于豆太尿尿的细节，一下子让绘本和生活之间的距离归零了，也让小读者和豆太之间的距离归零了。

传世经典的好作品，字字珠玑。

我的宝贝，不要怕

我为什么向孩子们推荐《讨厌黑夜的席奶奶》

文 / 栾 蓬

河北教育出版社

讨厌黑夜的席奶奶

作者：［美］凯利·杜兰·瑞安 文，［美］阿诺德·洛贝尔 图，林良 译
定价：24.80元

黑夜，总是和"恐惧"相连。席奶奶对黑夜的讨厌和惧怕，孩子们会感到熟悉和认同。而席奶奶试图赶走黑夜的办法，又会让生活在城市中的孩子们感到新鲜、有趣。"黑夜"在这本书里也可以理解成一个隐喻：除了指不可改变的自然规律外，还指那些错误的念头和观点。如果我们像席奶奶那样，用错误的观点和方法来对待，结果肯定是既辛苦又不愉快。让我们和孩子一起放下包袱，别错失本来可以拥有的美好。

"怕黑情绪"是一种比较普遍的童年现象。很多孩子在黑暗面前会陡然胆怯，不敢一个人睡觉，不敢一个人上厕所，如果你让他走进没有开灯的房间，他也一定会大声拒绝。因为幼儿对世界的认识还处在懵懂的状态，不能充分理解周围各种事物之间的关系。再加上他们分不清童话与现实之间的界限，于是黑暗中有妖魔鬼怪、有大灰狼的想法，自然会占据他们的头脑。所以让他们独自面对黑暗，就意味着让他们独自面对很多令他们恐惧的东西。怎样帮助孩子克服"怕黑情绪"呢？《讨厌黑夜的席奶奶》就是一本非常生动有趣的绘本教材。

最初看到这本绘本的时候，我并没有产生好感——整本书黑乎乎的，和那些色彩斑斓的绘本比起来，逊色多了。不过细细琢磨起来，却又觉得意味深长。因为讨厌黑夜，席奶奶千方百计要赶走黑暗：她用扫帚扫、用麻布袋装、用大锅来煮、用藤蔓来捆、用剪刀剪、丢给猎狗吃、沉到屋后的井里，甚至对黑夜吐唾沫……一整夜，她用了十七种方法。结果呢？黑夜还是黑夜，一点儿也没有改变。当太阳光芒四射地出现，黑夜消失的时候，席奶奶和她的伙伴——那条无可奈何地陪着她辛苦了一夜的大狗，都累得顾不上欣赏和高兴，而是昏昏沉沉睡去了。

读到这里，大小读者都会忍不住开心一笑：席奶奶怎么会那么笨、那么傻呢？黑夜怎么能赶得走呢？黑夜无边无际，怎么能用扫帚扫、用剪刀剪呢？黑夜摸不着、抓不住，又怎么能丢给狗吃，塞进床上的草垫，用蜡烛去烧呢？黑夜不是人也不是动物，怎么能对它哼催眠曲、拿牛奶浇，甚至挥拳头、挖土坑埋、吐唾沫呢……席奶奶虽然用了这么多的办法，都是没有用的笨办法！席奶奶虽然不辞辛苦，耗尽了所有的精力，可都是在白费劲儿呀！难道她不知道黑夜根本不用赶，等到太阳出来时，黑夜自然就会不见的道理吗？她为什么要讨厌呢，未免也太自寻烦恼了吧？当金色的太阳升起的时候，阳光普照大地了，也就是席奶奶不讨厌的白天来临之后，席奶奶又在做什么呢？她却在睡大觉！很多小朋友看到这个结尾，在哈哈大笑之后，都会为席奶奶感到惋惜，恨不能把席奶奶从睡梦中摇醒，告诉她应该怎么做。

这正是作者的匠心所在，也正是这本书的深刻主题所在。作者用一种诙谐幽默、轻松愉悦的说故事的方法，揭示了一个深刻的真理：人要遵循自然规律办事，不然的话，不但会把自己累得筋疲力尽、一无所获，还会心情郁闷、失去快乐，失去本应可以享受到的生活中的美好。

席奶奶本可以生活得很充实、很快乐。你看，她做事那么认真、那么执着，遇到讨厌的事，她并没有去逃避，而是很积极地想尽各种方法去解决。即使在最后累得睁不开眼睛、不得不上床睡觉时，她还在发誓说：等睡足了，天黑了，再跟黑夜拼命。这种不屈不挠的精神是不是很可贵呢？席奶奶也是一个心灵手巧的人。你看，她自己"用小树枝扎了一把扫帚"，她"拿出针线，把麻布缝成一个结结实实的麻布袋"。此外，她会"煮汤"，会用"藤蔓"布网，会"剪羊毛"，会在水井里打水……这些都说明，席奶奶可是一个劳动高手。假如席奶奶转换一下思维方式——在黑夜来临的时候美美地睡上一大觉，她醒来后一定会看到她喜欢的朗朗晴空。在蓝天白云下，做事认真又聪明的席奶奶，一定会享受到许多生活中的美好。当我们把这些道理讲给孩子听的时候，他们可能开始会听不懂，或者不完全懂，但是尊重客观规律的思想会在他们幼小的心灵上留下印迹，会使他们终身受益。

希望小朋友们能通过这本书学会克服怕黑情绪，用正确的态度来面对自己讨厌的事情，从小做一个聪明、快乐的宝宝，将来有一个快乐、美好的人生。

栾蓬，哈尔滨市继红小学校教师。哈尔滨市骨干教师，哈尔滨市语文学科带头人。曾获"哈尔滨市优秀班主任"等荣誉称号。在哈尔滨市"开拓杯""烛光杯"语文教学大赛中，均获得特等奖；获哈尔滨市语文教师素养大赛一等奖。曾参加"送教下乡"活动。公开发表多篇著述，并承担多项科研课题研究。

我是你的眼

我为什么向孩子们推荐《你看起来好像很好吃》

文 / 马 越

二十一世纪出版社

你看起来好像很好吃

作者：〔日〕宫西达也 文/图，杨文 译
定价：32.00元

《你看起来好像很好吃》是在千百本绘本中精心选择出来的。故事中的小甲龙有着可爱的模样，破壳而出后寻找自己的爸爸。他善良、诚实、感情真挚，懂得关心别人。当他遇到了粗暴可怕、从未被人信任和关爱过的霸王龙，便对这位"霸王龙爸爸"表现出了无比信任、真诚的情感，并以有"霸王龙爸爸"而感到无比骄傲，从而让霸王龙埋在内心深处的"爱的种子"发芽了。通过故事可以使孩子们懂得：其实每个人都有爱的种子，只有真正地体会到爱与被爱的快乐，才会生活得更充实、更快乐、更幸福，也会在心里生根发芽。

作为一名从事特殊教育工作13年的班主任，面对着各种原因导致视力残缺的孩子们，我心中一直充满了对他们的怜爱，尤其是那些后天因外伤致盲的孩子们。

2001年重新接任新一年的班主任时，我遇到了一个十分可爱的小男孩儿。他有着圆圆的小脸蛋，挺拔的小鼻梁，可是那双大大的眼睛却无神地望着前方。他的父母告诉我，孩子6岁的时候遭遇了一场车祸，触碰了视神经，导致损伤，家长带着孩子辗转全国各大医院，大夫们却都已回天无术……孩子再也看不到这个多彩的世界了。亲人们的眼泪浸湿了我的心，我难以想象曾经在翠绿的草地上尽情地奔跑，曾经仰望着蓝天享受快乐的孩子承受了怎样的精神打击。孩子一直沉默着，我却思考着该如何打开他的内心世界。像这样的例子有很多，每个孩子的致盲原因不一样，他们的心理变化也不一样。有的孩子甚至由于自己的残疾，遭到了父母的抛弃，心中缺失了太多的爱，于是他们禁锢自己、裹挟自己，生活在封闭的内心世界中。

怎样打开这些孩子脆弱的心扉？故事成了我们沟通的桥梁。从一年级起，我利用晨会时间坚持教孩子们学习《三字经》《弟子规》和成语故事，他们虽然看不见，但是他们的记忆力出奇的好，学过的东西都能流利地背诵，这也坚定了我给他们讲故事的信心。孩子们愿意听故事，甚至跟故事中的主人公做朋友。他们重新燃起了对爱的渴望，自然也把我当作一个好朋友，愿意倾吐自己的心声。他们渐渐地勇敢了起来，学习笛子、手风琴、盲人串珠、盲人乒乓球……这些对正常人来说都困难的事情，在他们的努力下都取得了可喜的成绩。

2015年5月，随着"声动冰城·为爱朗读"活动的展开，我有幸成了一名阅读推广大使，我校——哈尔滨市特殊教育学校也被列为爱心奉献的一站。爱心大使们把精心制作的存有有声绘本故事的U盘送到了我们班全体孩子的手中。当孩子们迫不及待地把播音器打开的时候，我们看到了这些视障孩子对知识的渴望表情。他们搂着爱心大使，激动地说："谢谢阿姨，谢谢叔叔！"他们用稚嫩的动作表演着《爱在人间》歌伴舞，表达着心中的感谢；他们在听到《盲孩子和他的影子》的故事时惊喜地叫出来："老师，这是您的声音。"哇！我激动得眼泪都要流下来了！作为阅读推广大使，我选择了《你看起来好像很好吃》这个绘本故事读给他们听，与他们分享信任与爱；之后又选择了一篇以视障孩子为主角发生的故事《盲孩子和他的影子》来读。我通过影子和萤火虫对盲孩子的关爱和帮助的故事，告诉大家应该关爱弱者，因为只有"爱"才能让他们感受到生活的光明和美好。通过影子在帮助盲孩子之后自己也变成了一个有形有质的孩子的故事，让他们懂得了帮助别人就会得到回报。我制作这些有声绘本，并没有告诉学生们，但他们能够通过声音立刻分辨出是我的作品，这让我分外激动和欣慰，他们使我感受到了无比的幸福。

看着孩子们脸上洋溢的笑容，我深深地感受到"声动冰城·为爱朗读"活动的感染力。我作为他们的老师，作为一名特殊教育的工作者，作为一名阅读推广大使，更加深信"爱因有声，不断前行"的力量。我相信，今后我们这些孩子的好爸妈、好老师，会给这些需要故事的孩子奉献更多的作品。

一年过去了，学生们仍会经常问我："老师，'声动冰城'的叔叔阿姨什么时候还会来啊？"孩子渴求的声音，更坚定了我们不断前进的信心，愿这些折翼的天使能自由地翱翔在蔚蓝的天空，我愿永远做他们的眼睛，带他们走向光明！

马越，哈尔滨市特殊教育学校班主任。中学一级教师。曾荣获"哈尔滨市优秀班主任""新一代创业人"等荣誉称号。作为特殊儿童的班主任老师，她每天利用晨会时间为孩子们讲读成语、绘本故事，丰富孩子们的学习生活。她坚持用自己的声音为盲孩子点亮内心世界。

离别的礼赞

我为什么向孩子们推荐《獾的礼物》

文 / 门雅丽

明天出版社

獾的礼物

作者：苏珊·华莱 文/图，杨玲玲、彭懿 译
定价：26.80元

这是一个关于生命的话题，一只老獾在生命的最后时刻，没有恐惧和不安，却享受着和朋友们在一起的快乐，牵挂着他离去之后朋友们的感受。当他离去时，朋友们真的很悲伤、很失落。他们在回忆獾生前对自己的好，留恋和獾在一起的幸福情景，这是獾在与朋友离别时留下的特别珍贵的礼物——把爱和快乐留给世间。这是离别的礼赞，更是生命的价值。

生命并不总是阳光明媚。当身边的亲人不幸离去时，孩子对死的概念和讯息普遍是惧怕的、担忧的。一提到"死"，很多小朋友都会感到恐惧，一些小朋友还经常会问到妈妈这个问题。其实，作为大人真的很忌讳和孩子们谈到"死"的问题。这仿佛对孩子是一件很残忍的事情，这是一个沉重而又让人压抑的灰色主题。如何让孩子接受他人死亡的事实，到底什么是死亡……弥漫着淡淡悲伤而又带着无限温馨的绘本《獾的礼物》是个很好的选择。

《獾的礼物》是一本让孩子们知晓生命的意义的优秀绘本。其绘画风格是简洁的钢笔线条，加上几抹淡淡的水彩，就把那只佝偻着身子坐在晚秋、生命也即将走到尽头的主人公推到了我们的面前。读过《獾的礼物》，会对"死"有一种平和和坦然的态度。由于是用动物当主角，所以，对孩子来说，他们较容易接受这种传达生命教育的方式。

向孩子推荐《獾的礼物》，就是想让孩子理解死亡，理解一位老人临终时的坦然、欣慰和眷恋之情。这里阐述了动物们曾经依靠和信赖的"长者"獾，总是热心帮助大家，当他老去的

门雅丽，黑龙江省教育学院教研员，《幼儿园教学活动》副主编。始终致力于学前教育事业和儿童绘本的推广活动，曾多次荣获"黑龙江省科研科普先进个人""黑龙江省课题研究先进个人"。被聘为黑龙江省学前教育研究会理事会理事、学术委员会委员、"黑龙江省示范性幼儿园"评审专家组成员、教育部骨干教师高端研修项目学前教育教师工作坊主持人。

时候，没有悲伤，没有恐惧，只说"我去长隧道了"。可动物们却忘不了是獾帮助鼹鼠学会剪纸，忘不了是獾鼓励青蛙在冰上迈出第一步，忘不了是獾教会狐狸打出漂亮的领结，忘不了是獾教兔子太太烤姜饼的独家秘方，这些都是獾留给大家的礼物。每当大家回忆起獾的时候，悲伤被心中的温暖所取代，所有的动物对獾都有一段特殊的回忆。

我作为一个教育工作者，一个阅读推广人，看重的是绘本故事能向孩子传递什么信息，对孩子的生命和成长能够带来哪些启发和助力，绘本本身所呈现出多元化的作用能否正确发挥，那些会讲故事的画家和有画面感的作家汇集的心血是否得到慰藉。我在做阅读推广人期间，除了定期组织家长阅读沙龙之外，还在与孩子交流绘本故事前用个人网络电台录制故事，如今已经录制播放了近200期。在录制《獾的礼物》时，每一段话，每一个情节，都是怀着对獾这位长者深深的敬意和无限的感动进行的。这个故事很适合10~12岁的孩子。在与孩子互动学习过程中我设计了这样几个问题："想象一下，当你知道獾快要死亡的时候，你的心情怎样？獾是怎样表现的？""獾为什么要写那封信？""獾留给动物们哪些礼物？每当动物回忆獾时都露着微笑，这预示着什么？""你身边有没有遇到像獾一样热心帮助他人的人？"

孩子在回答问题时，我能感受到他们对獾的敬佩、留恋和理解，他们也和鼹鼠等动物一样记住了獾，记住像獾一样对自己好的人。对这些问题的回答潜移默化地使孩子理解了关于生命、关于爱与被爱的教育，使孩子懂得了人活着要多做有益于他人的事，他的生命就会呈现光芒和力量，他的内心就会安静和坦然，他就不会惧怕死亡。通过《獾的礼物》这本书让孩子明白了爱的力量是多么的伟大，让孩子明白了助人是快乐之本。这本书不仅是一本关于"死亡"、学会接受"死亡"的书，也是一本关于"生命"的书，更是一个让人感动不已的故事。

生活中种种的话题总能透过绘本共读这种方式，向孩子去传达、去诠释，让我们的心灵得到震撼，得到净化。由此，关于生命教育的话题还可以延伸到《再见了，艾玛奶奶》这本绘本。尽管这本书描绘的是艾玛奶奶生命的最后篇章，但无处不体现出老人对生命的向往，以及面对死亡的乐观和坚强。《獾的礼物》中，獾和这位艾玛奶奶一样从容应对着死神，他们平静地走了，不带一丝遗憾。"死，只是灵魂离开了肉体，进入另一个世界"，所以应带着对世间的美好和对他人的留恋安详地离去，留给世界一个生命的礼赞！

爱你 是望向远方的期待

写给宝贝的最美的情书《只有你》

文 / 牛淑芳

希望出版社

只有你

作者：[美]道格拉斯·伍德 文，[英] P. J. 林奇 图，王芳 译
定价：26.80元

《只有你》是道格拉斯·伍德的又一心灵修行绘本。诗意的语言极富节奏美和音韵美，朗朗上口；重复的结构营造出回环之感；变化的反复又凸显跳跃之意。画面全部采用连页大构图的方式，饱满、大气，油画的质感带来很强的视觉冲击。画面中稚气的儿童或者聆听蛙鸣，或者嗅闻花香，或者在水洼中戏水，或者在星空下漫步，无一不体现出人与自然的完美融合。更主要的是，这是一本特别适合亲子共读的绘本。

试想一下，妈妈将宝贝儿揽在怀里，就像读情诗一样喁喁细语：

只有你，
能微笑着你的微笑，
欢喜着你的欢喜。
只有你，
能回忆着你的回忆……
没有人，只有你。

那一刻，妈妈的爱该是怎样的温暖？那一刻，孩子的心是怎样的柔软？我仿佛看到妈妈饱含爱的眼神望向远方，那个未知却寄托着祝福、充满着期待的远方。

绘本，大多是以故事的形式呈现，只有很少一部分以诗歌为体裁，如《日月颂歌》《有一天》《勇气》《黎明开始的地方》……因为特别喜欢诗，所以对绘本当中的这些作品就格外偏爱。道格拉斯·伍德的《黎明开始的地方》更是令我销魂，业内评价它是具有"摄人心魄的迷人绘画，充满力量的诗化语言，一部自然智慧的心灵修行绘本"。

当我从耕林的主编敖德老师那里得知他们引进了道格拉斯·伍德的另一部作品《只有你》时，心中便满满的都是期待。当新书入手，边翻看边诵读时，心早已被作者温情的语言和精美的画面融化掉。

这世界充满神奇，
有太多重要的东西，
需要别人教你、展示给你。
但是那些最美好、也最重要的东西，
其他人却不能教、不能展示、也无法解释给你。
没有人可以发觉它们，只有你。

诗歌，以平实之言直起，似乎是在跟孩子述说一个简单得不能再简单的道理：有些事，妈妈可以教你，而有些事妈妈无法解释给你。

雨亲吻你的肌肤、风轻拂你的头发是怎样的感觉？欣赏水面的晨光、谛听树梢的鸟鸣、观察小龟的貌相、倾听黄蜂的哼鸣带给你怎样的感受？摇落晶莹的露水、嗅闻湿润的土地、吹散蒲公英的小伞、奏起草叶响笛时你想起哪些事情？世界那么大，自然这么美，生命成长过程中的这一点点一滴滴的体验，需要宝贝你慢慢感知、细细体会，边长大边揣摩，边揣摩边回味。

诗歌的主体部分，作者调用了视、听、嗅、味、触多种感官，带领我们全方位地亲近自然、认识世界。每翻动一个页面，便将思绪定格在一个场景。孩子在不同的景象中穿行，在一幅幅唯美的画面中体味，场景不同，可是妈妈在耳畔的温柔絮语却是永恒——没有人，只有你！

牛淑芳，虎林市教师进修学校幼教教研员。中学高级教师。从事教研工作30年，被评为省、市级优秀教研员、科研科普先进个人、课程改革先进个人、学前教育先进个人、优秀教师、学科带头人。多篇论著在国家级刊物上发表，"十三五"期间确立了"大手牵小手·阅读起步走"萤火虫儿童阅读推广实验课题，希望以教育科研带动幼儿园、家庭、社会共同关注儿童阅读，参与儿童阅读，为全民阅读奠定基础。

画面之内，文字之外，我们真真切切地感受到母爱如春雨般温润，播撒在孩子的心田，甘之如饴。

即使这世界这么大——依然只有你。
能感受你心底的秘密，
知道有人爱着你……
并用你的嘴唇说出：
"我也爱你。"
没有人，只有你。

诗歌的结尾处，孩子在享受母爱滋润的同时，将这份爱聚合而来，化为最简单却也最浓郁的那一句"我也爱你！"

爱出者爱返，母子亲情在绘本诵读的过程中得以升华。《只有你》用诗歌的语言、情书的爱意，阐释了天下父母对儿女无私的爱。爱你，不止定格在眼前的每一天；爱你，更是望向远方那绵延不断的期待。

陪孩子遇见美好的自己

我为什么向孩子们推荐《方格子老虎》

文 / 史萌

上海人民美术出版社

方格子老虎

作者：[俄] 安德雷·乌萨切夫 文，[德] 亚历山大·容格 图，裴莹 译
定价：26.00元

起初，这个绘本故事是一位朋友推荐给我的，她说，你读这个吧，特心理！我拿到书后，翻看每一页，脑海里浮现出一个又一个为了满足爸爸妈妈期望的小脸……或许你会说，世界上再没有比父母更爱孩子的人，这里，我想说，世界上最爱爸爸妈妈的是孩子。

一个老虎宝宝出生了，虎爸爸虎妈妈要在他身上画上喜欢的条纹。虎爸爸为了让儿子与众不同，决定给宝宝画上竖条纹，虎妈妈一定要给宝宝画上横条纹。这对爱宝宝的父母争执不下，互不妥协。老虎宝宝却给自己画上了方格子！然而有一天，方格子小老虎在路上遇到了一场大暴雨，画的方格子不见了，爸爸妈妈还会吵架吗？还会像以前那样喜欢他吗？

我是一位母亲，一位学"心理学"专业的母亲。在陪伴孩子的同时，参照大学时的《发展心理学》，惊讶于那么多的相似之处。心中暗喜，是不是这样就可以开启教育之门？于是在探索中慢慢地发现，书本背后是一段段温暖的陪伴。

《方格子老虎》的故事开始于一个新宝宝的诞生，父母疼爱有加的同时也出现了限制的横条纹与竖条纹，这和我们每个家庭都有相似之处。一个孩子摔倒了，爸爸让他自己站起来，妈妈要孩子为自己的不小心进行解释和保证，隔代老人则跑过去抱起孩子……每个人的理念不同，爱孩子的方式也不同。我们在争执的同时，孩子的各路感官都在考虑，怎样才能均衡。孩子的聪明不仅仅体现在诗歌的朗诵和数字的叠加上，而且是用自己的方式回应每一种状况。

史萌，哈尔滨市第十四中学校教师，黑龙江省心理工作先进工作者，黑龙江省农村中小学骨干教师培训教师，黑龙江省师德建设骨干班培训教师，哈尔滨市心理健康教育学科兼职教研员，哈尔滨市中小学心理讲师团首席讲师，哈尔滨市"十佳"心理教师，国家二级心理咨询师，中国TA人际沟通分析学应用顾问，清华大学特约讲师，黑龙江广播电台特约嘉宾主持，哈尔滨经济广播特约嘉宾主持。

故事中的小老虎，不想看到爸爸妈妈吵架，就自己画了横条纹与竖条纹，既然父母互不妥协，那我就想办法。或许您在看到这里的时候会说，孩子会这样想吗？是的，会的！当有未成年人坐在我面前，叙述自己的故事……我能看到胳膊上的伤口是为了让打麻将的父母早点儿回家；落在其他人身上的伤痕是为了证明我也有爸爸妈妈，只是他们现在不在一起了；离家出走的孩子是为了让爸妈停止争吵，可以一起出门做同一件事情，找寻他们的孩子；肢体动作僵硬的孩子，让爸妈停止争吵的方式是成绩名列前茅，考取一流学府……

尽管聪明，孩子也忽略了自己的需求；成为他自己，也变成了流失的愿望；属于自己的那一份美好，变为别人的美好。读懂故事不容易，看清行为背后更加艰难，愿孩子成就自己的美好，愿天下父母可以温暖陪伴孩子，让孩子遇见他自己的美好！

让孩子们爱上读书吧

推荐经典绘本《杰德爷爷的理发店》

文 / 史 伟

河北教育出版社

杰德爷爷的理发店

作者：〔美〕米契尔 文，〔美〕瑞森 图，柯倩华 译
定价：33.80元

本书是世界优秀畅销绘本系列之一，适合4岁以上儿童阅读。故事里的杰德爷爷一生都在梦想拥有自己的理发店。尽管历程波折不断，但他从未想过放弃，即使银行倒闭，所有的积蓄化为乌有，他仍然坚毅地说：“我会重新开始！”他对世界友善，所以充满希望；他对自己友善，所以充满信心。终于，在他79岁生日的时候，他实现了自己的梦想。

第一次听到“绘本”这个词，还是在我们的学前教研员牛淑芳老师那里。2015年的“世界读书日”之前，牛老师找到我，说想借读书日的契机，推动一下幼儿的绘本阅读。我当时对绘本一无所知，但听了牛老师的介绍，我觉得我们虎林市孩子的春天来了，因为我深知早期阅读习惯的培养对一个孩子的成长是多么的重要，甚至对其一生都有着深远的影响。我觉得这是造福子孙后代的好事，于是我们共同策划了一次“千名幼儿诵童诗读绘本”的活动。孩子们用稚嫩的童音诵读经典诗词；幼儿教师绘声绘色地为老师和家长讲绘本故事；幼儿家长与大家分享绘本给孩子带来的变化和成长。

在这次活动中，我才对绘本有了一点儿粗浅的了解。机缘巧合，2015年9月，和牛淑芳老师一起到哈尔滨学习。她说，黑龙江教育出版社正在做“声动冰城·为爱朗读”活动，邀请我们一起参加，这才有了我第一次和绘本的亲密接触。我当时朗读的是《杰德爷爷的理发店》。初读故事，没有特别深的感受（也许是我多年从事初中语文教学的缘故吧，没有真正接触幼儿的读物），结合着画面读了几遍之后，忽然间感觉在这小小的绘本中竟然蕴含着很多深刻的内容：

史伟，虎林市教师进修学校副校长。中学高级教师。在多
年初中语文教学中注重学生阅读和写作能力的培养，教学
成绩显著。在研究培训工作中，注重理念引领，能力培
养。曾被授予"虎林市十大杰出妇女"荣誉称号，多次被
评为虎林市优秀教师。

首先，在作者娓娓道来的叙述中透出了20世纪30年代美国的种族歧视的严重程度，美国黑人经受了多么不公平的待遇和苦难。而对这些，作者是把它放到了淡淡的叙述之中："当时，黑人被隔离，不能和白人在一起。黑人和白人去不同的公共厕所，用不同的饮水机，上不同的学校，这叫作种族隔离。""在医院里，我们得去黑人专用的候诊室等着。我一直昏迷不醒，但医生要等看完所有来看病的白人，才肯给我诊断。"这是多么的不公平，多么的令人气愤的事啊！但我们却没有看到抱怨、悲伤的文字，只是跟随着作者的讲述在经历着这一切。

其次，在杰德爷爷身上，我们看到的是满满的正能量。他的善良、坚韧、面对困难的勇气和信心都在字里行间自然地流露。杰德爷爷好不容易攒起的300美元用来给"我"看病了，只为了"绝不让他的小珍受到伤害"，一颗慈爱善良的心晶莹剔透；银行倒闭，杰德爷爷辛辛苦苦积攒的三千元化为乌有，可"杰德爷爷没说一句话，就那样站了老半天"。最后只说："虽然我真的很失望，不过，我会重新开始。"面对如此困境，他竟只是觉得"失望"，而且马上有了重新开始的勇气和信心。终于，在他79岁生日那天，"老杰德爷爷终于开了他的理发店"。这是多年努力、坚持的结果，他教会了孩子们：相信自己的梦。

再有，绘本的语言在平实中透露着感受力，在简洁中流淌着真情，杰德爷爷的故事似乎就发生在我们身边的一个邻家爷爷的身上，那么亲切、那么自然、那么容易走进我们的生活。

阅读中，我始终在思考：如果我们的孩子从小就能大量阅读这样的优秀绘本，几年之后，当他们升入小学、初中，甚至高中、大学，何愁他们的语言感受力不强，他们的阅读理解力又怎会不好，他们的写作又怎能空洞无物，没有真情实感呢？愿老师们多带孩子走进这样优秀的绘本故事中，感受真诚、善良、勇气和信心；愿父母们多陪伴孩子共同分享这样优秀的绘本故事，感受亲情、懂得感恩、相信梦想；愿这样优秀的绘本故事能为我们的孩子插上梦想的翅膀，去感受幸福，学会乐观，实现梦想！

孩子们，爱上读书吧！

让孩子按照自己的速度成长

我为什么向孩子们推荐《安的种子》

文 / 宋春生

海燕出版社

安的种子

作者：王早早 文，黄丽 图
定价：29.80元

《安的种子》是一本蕴含着教育智慧的绘本，既适合孩子读，也适合大人读。在忙碌喧嚣的现实中，我们幸运地读到这样一本书，让我们慢下来，发现内心的声音，发现自然的规律，发现世间的曼妙。等待又何尝不是美丽的事情？静心、耐心、潜心地去呵护自己心中"千年莲花的种子"，等待它的绽放。一粒种子的成长经历，折射了最为浅显而又真挚的教育哲理，要学会等待。

读到《安的种子》这本看似儿童应该读的绘本故事很是欣慰。作者描述的是一个关于等待的故事。禅师分别给了本、静、安每人一颗千年的莲花种子，非常珍贵，让他们去种出来。本为了更快地看到种子发芽，就把种子种在了雪地里；静为了更好地看到种子发芽，把种子种在了金贵的花盆里；而安拿到种子后并没有急于去种，每天还是做着和往常一样的事情。当春暖花开的季节来到时，安把这粒种子种在了池塘。当然最后的结果是本失败了，种子根本连芽都没发，而静的种子虽然发芽了，但是却因为呵护太多，最后使种子缺少阳光与氧气而枯萎了，只有安的种子在第二年的夏天盛开，开得那样美丽，那样惊艳。

想一想，品一品，我们每个人在现实生活中有没有得到过"千年莲花的种子"？我们在马不停蹄地追逐着"珍贵"，仿佛所有的人都想以最快的速度达到自己的目的，追逐所谓的"成功"，而大自然的规律往往被撇在一边，人们都按照自己的意愿在努力地做着违背规律的事情。可以说很多人都在认认真真地做"揠苗助长"的愚蠢事。难道其中的道理，大家都不懂得吗？不是的！而是缺少一份平和心境！

宋春生，哈尔滨市继红小学校校长。中学高级教师。中国教育学会会员，黑龙江省教育学会常务理事、心理健康教育学会常务理事，黑龙江省教育学院兼职教研员，哈尔滨市中小学校长培训指导专家，哈尔滨市南岗区人大代表。荣获"全国优秀教师""全国优秀教研员""信息技术管理校长""'百佳'创新校长""创新管理校长"称号，及哈尔滨市第36届劳动模范等荣誉。享受黑龙江省政府特别津贴。

作为一名教育工作者，在读这本书的时候，首先感受到的是"学会等待，静待花开"的教育智慧，所以我把这个绘本推荐给我的老师们和家长们，应该让所有做教育的人都能意识到孩子的成长是渐进的，不能揠苗助长。每一个孩子只要被给予适当的阳光、水分和温度都能够茁壮成长。在这次"声动冰城·为爱朗读"的活动中，我之所以再次向大家推荐这个故事，是希望通过我的声音，让更多的人了解每个人的成长都是适合自己的速度的，就像春天的植物，都会选择自己喜欢的时候吐出新芽，绽放花蕾。人的成长更是这样，同一个年龄阶段的孩子的成长速度是有差异的。这种差异不仅仅表现在可以看得到的身体部分，更多的是反映在孩子对事物的接受能力与认知程度上。

在学校里，我们经常可以感受到同在一个班级学习的孩子也会有不同的成长速度：有的在行为习惯上要慢一些；有的对知识的理解上要慢一些；有的在做作业的速度上要慢一些……孩子的这些缓慢的速度往往会引起老师、同伴、家长的不悦，因此也就出现了很多不和谐的教育手段，形成了一大批以"督促"孩子学习为职业的"专业人士"。

而其实呢，每个孩子的成长速度是不一样的，尤其是在学习上，在对事物的认知上。追求整齐划一的学习结果本身就不科学、不符合孩子成长规律。成熟的教育者，不要担心孩子的学习进度，不要担心孩子完成作业的时间。如果教育者在充满支持的环境中培养孩子们，他们就会按照自己的速度学习、成长。而我们也可以信任这个进度，犹如撒进好土的种子，灌溉施肥，给阳光给雨露，给爱给期待……那么，一定会有"莲花"亭亭玉立的那一天！你不需要挖开种子来看根部是否生长，因为那会破坏种子的自然生长过程。所有的老师，所有的父母，请给孩子们自然的爱，如同呼吸一样自然，如同信任种子会发芽、幼苗会茁壮成长为参天大树一样信任我们的孩子吧。

有的时候，梦想就如同故事中的睡莲一样，在你享受着这个漫长的过程中慢慢发芽、开花、结果。让我们带着这样一种平和的充满爱的心态，去陪伴孩子的成长，静静地去感受和享受孩子们成长的美妙过程，我们一定会看到"莲花"的绽放！感谢《安的种子》，带给我们冷静的思考和温暖的力量！

在感动中学会感恩

我为什么向孩子们推荐《有一天》

文 / 宋月娥

新星出版社

有一天

作者：[美]艾莉森·麦基 文，[加]彼得·雷诺兹 图，安妮宝贝 译
定价：25.00元

《有一天》是《纽约时报》畅销书榜首绘本，是美国最火的绘本。它讲述了父母与孩子之间的情感，是一本令人动容的亲子读物。一本诗一样的绘本，优美感伤的语句，简单柔和的线条画面，结合在一起，充满了爱和真挚的情感。好书其实是不需要过多解释的，慢慢阅读，深刻体会，你会发现这是一本值得一生拥有的书。

绘本《有一天》，是一本足可以让各种年龄的人都感动的书，伴着《时间都去哪儿了》的音乐，慢慢品读着这个故事，眼前就浮现出了各种曾经的画面。

绘本上哪怕一个不起眼的元素也可能是有寓意的，不经意间你会注意到图画上的淡紫色花：妈妈亲吻小宝贝时，床头柜上的花瓶里是淡紫色的花；妈妈牵着宝贝过马路时，手里举着的是淡紫色的花；妈妈目送我远行时，背后是大片大片的淡紫色的花；妈妈满头银发坐在椅子上时，左侧是淡紫色的花，身边的篮子里还是那淡紫色的花；最后一页的怀念母亲的照片里、照片旁，也都是淡紫色的花。这是巧合？还是画家的有意安排？谁知道呢？

这淡紫色的花是什么花呢？看上去好像是薰衣草。难道这也是有寓意的吗？搜索薰衣草花语后才了解到，薰衣草有着一段痴痴等待的美丽的爱情传说。有一种说法：与其说薰衣草是开在田野中大片大片的紫，飘在空中的香，不如说是记忆里的东西。记忆就像薰衣草，曾经在这里发生的故事如同昨日烟云，淡远而温和，淡到极处，又刻在心底……这就是画家在很多画面上画下薰衣草的用意吗？我自认为十分恰切。

宋月娥，哈尔滨市香安小学校教师。哈尔滨市语文学科带头人。曾荣获"黑龙江省模范教师""黑龙江省优秀教师""巾帼建功标兵""师德先进个人"、哈尔滨市"十佳"教师、"哈尔滨市优秀班主任标兵"、全国"百佳"语文教师等称号。哈尔滨广播电台、电视台及《哈尔滨日报》曾多次报道她的先进事迹。

书中的每个画面都是白色的衬底，没有任何背景，很多页面跨页，而图画只占1/3或1/2，简短的文字有的单独占了一页，甚至有的一页上除了上一页延续过来的半行文字就什么都没有。我一直都很不解：这样的构图是为什么呢？多浪费啊！页面很充裕，就是把文字和对应的图画放到一页上也是绰绰有余啊！百思不得其解，也许就是想用跨页呈现单独的一幅画面和对应的一行文字，使其互不干扰？也许就是为了保持画面纯净的感觉？当某一天早上我听着《时间都去哪了》，"生儿养女一辈子，满脑子都是孩子哭了笑了。还没好好儿看看你，眼睛就花了……"我猛然意识到，这大片大片的空白，这没有背景的背景是不是在昭示着——我的眼里只有你！要不然怎么也该有些装饰和点缀才是啊！

整本书的前后页无直接的关联，却按照特定的节奏串联起整本书的信息，读者只有整合全书的脉络，进行文意的理解和统整，才能领略全书的旨趣。"那一天，我数着你的手指，轻轻把它们亲遍。那一天，初雪飘落，我把你高高举起，看雪花在你柔软的肌肤上融化。那一天，我们一起穿过街道，你紧紧抓住我的手。"三个"那一天"，看上去没有必然的联系，呈现了孩提时代的三个瞬间，但是通过看图不难发现，这三个瞬间代表了孩子成长的不同阶段，刚刚出生的小婴儿到两三岁的小宝贝再到四五岁的孩童。正是这生活中的普普通通、点点滴滴见证着孩子的成长。

整本书基本都是跨页，但是："曾经，你是我的婴孩。现在，你是我的女童。"却用一个对页呈现在读者眼前。文字是对比的，图画也有很多处形成了鲜明的对比，让我们不得不慨叹，时光飞逝，孩子成长之迅速。你看，从妈妈扶着宝贝学骑车到长大后的孩子独自飞奔，那飞奔的自行车，那飘起的头发，那溅起的石子，那一起奔跑的小狗，都在彰显着自由、成长、独立……此时，画面上又出现了三只展翅的小鸟。生命的轮回，曾经的婴孩此时已成为母亲，曾经的母亲已经满头银发，在孩子的生活中渐渐退去，最终定格在照片中。

《有一天》太适合与学生共读或亲子共读了，这个绘本对于孩子们来说可以学什么呢？对于觉得父母说什么都是唠叨，管什么都是多余，丝毫没有感恩之心的孩子们来说，这可以是一针镇静剂，让他们清醒地理解那含辛茹苦的父母。这也仿佛是一次穿越，让他们经历了将来可能会面临的成与败、苦与累，也仿佛看到现在还年轻的妈妈将来老去的样子。但愿这本书、这次穿越，真的可以让孩子们重新审视、重新思考，在理解中学会珍惜，在感动中学会感恩！

爱的传递

我为什么向孩子们推荐《第一百个客人》

文 / 孙 乐

新星出版社

第一百个客人

作者：[韩]金柄圭 文，郝广才 改，[意]朱里安诺 图
定价：48.00元

《第一百个客人》用一个祖孙俩吃比萨的故事，教我们学会感受身边每一个人对自己的爱，并懂得将自己的爱表达出来。整个绘本的画面用暖黄色调，让我们初看就觉得温暖可爱。整个系列中憨态可掬的大熊阿比和温柔可亲的鳄鱼阿宝，就是孩子们最喜欢的伙伴。语言优美，韵律感强，听起来好像躺在摇篮中，舒适温暖。每次读完都会有新的感受，让人感觉意犹未尽。相信每一个人都会对这本书爱不释手。

买这本书缘于儿子对绘本《一块比萨一块钱》的喜爱，他百听不厌。我也对这种简单重复而又温馨的语句产生了浓厚的兴趣，于是我买来了同系列的另外几本原版绘本。儿子首选的就是这本《第一百个客人》。书的主人公依然是大熊阿比和鳄鱼阿宝，那暖暖的黄色调，毛茸茸的画面，让你的心也一下子暖了起来。

《第一百个客人》的原著故事出自韩国儿童文学作家金柄圭，由台湾儿童出版奇人郝广才改写。我很喜欢他的文字，能用孩子的语言表达他们的心灵世界，读起来轻松流畅，朗朗上口，像一首优美的散文诗。插图出自意大利绘画大师朱里安诺之手，这位被誉为"色彩魔术师"的绘画大师的作品，小朋友特别喜爱。他笔下的小动物造型可爱，画面给人的感觉是暖暖的，仿佛照耀在阳光下；灵活的构图手法，使绘本的空间显得更加舒广活泼。

读故事的时候，我们不仅能闻到比萨的浓浓香味，还能体会到善良与爱。非常想赚钱的大熊阿比和鳄鱼阿宝开了一家比萨店，他们迎来的"第一个客人"是祖孙俩。而这祖孙俩又在大家的帮助下成了小店的"第一百个客人"，因为第一百个客人可以免费。

孙乐，一个小暖男的妈妈，从事幼儿教育，孩子们都亲切地叫
她乐乐老师。其科研成果和论文多次在全国高小幼教研究会、
黑龙江省教育学会、哈尔滨市教育研究院获得一等奖。她的格
言是：坚持最初的信仰，尊重和爱每一个孩子！

第一次成为第一百个客人是因为奶奶对小孙子的爱：奶奶在店里只点了一份比萨，并对小孙子说："我真的吃饱了，一点都不饿。趁热，快吃。"读到这里，我内心泛起了波澜。我问儿子："奶奶真的吃过了吗？"儿子想想说："奶奶说她已经吃过了。""你看见她吃了吗？""没有"……我没有继续追问，继续讲着后面的故事。

第二次成为第一百个客人是因为小孙子对奶奶爱的回报：小孙子用他的方式为奶奶争取到了第一百个客人的名额。小孙子对奶奶说："我刚刚吃过了，我不饿。"然后微笑着看奶奶吃着美味比萨。奶奶的感动和满足让小男孩感到非常快乐。至此，小男孩完成了一次爱的答卷。

讲完整个故事，我再次问儿子："小男孩真的吃过了吗？"儿子终于明白了，"他没吃。""他为什么说吃过了呢？""因为他想让奶奶吃！"我又继续追问："那你明白大熊阿比说'有时候不吃也会饱'是什么意思吗？"儿子看着我摇摇头。我笑着紧紧地抱着儿子说："这就是爱！因为我们都希望把最好的送给我们最爱的人。"儿子闪烁着像星星一样清澈明亮的眼睛看着我，张开小手说："我爱你就像宇宙那么大！"

之后的每天，儿子都会做一张贺卡，用最美的语言赞美我。当然，遇到他最爱吃的东西，也会分享一点儿给我们。最让我感动的是，当大风刮起，寒风刺骨时，他会像小男子汉一样脱下外衣披在我的身上，告诉我他热。这份小小的爱，足以温暖我的整个世界。

我们常说，有爱的孩子不会长错。我们应该记得小时候妈妈总会把最大最甜的水果给我们吃；也还记得每次吃鱼，爸爸都会说"我最爱吃鱼头鱼尾"；更记得吃年夜饭时，全家人都会把鸡大腿和鸡翅膀夹到我们的碗里……那时我们还小，以为这是理所应当的。当我们长大成人，有了自己的孩子，重复着父母曾经说过做过的事，我们才突然明白那份爱的分量。

我相信每一个听完这个故事的孩子，都会在心底埋下爱的种子。"一"与"一百"写出了人与人之间的距离。只要有一份爱，距离就变得伸手可及；只要有一份爱，世界就变得无限温暖。这一份爱来自家，来自朋友，来自社会。爱是具有感染力的！作为大人，我们是否也给孩子做出了榜样呢？尊老爱幼，孝敬父母，让我们传递爱心，传递善良，和孩子们共同成长吧！

爱你们的乐乐老师！

有趣，绘本阅读的第一要义

我为什么向孩子们推荐《不要再笑了，裘裘！》

文 / 王传贤

凤凰出版传媒集团
江苏少年儿童出版社

不要再笑了，裘裘！

作者：［美］庆子·凯萨兹 文/图，汪芳 译
定价：28.00元

这是一本有趣的绘本，故事中的负鼠妈妈扮演各种角色来使裘裘学会装死的本领，可裘裘却总是笑，直到遇见大熊，裘裘用假死骗过了大熊，可是……接下来发生的事情却充满了意外。这个绘本故事，画面温馨，形象生动，情节曲折有趣。无论是爸爸妈妈，还是小朋友，相信你们阅读时一定会露出会心的笑容。

很早就读过《朗读手册》，十多年前开始大声读书给我的女儿，女儿喜欢阅读和写作也许就是从我读书给她听开始的。这一次参加"声动冰城·为爱朗读"活动，是因为看到杨修宝老师朋友圈里发的视频，觉得这样的公益活动可以让更多的孩子爱上阅读，实在是一件有意义的事情。

我选择给学生读的绘本，大体上会先考虑趣味性，即孩子是不是觉得故事好玩、有趣。讲故事，如果干巴巴的，谁会愿意听呢？作为一个老师，或者是爸爸，我有太多时候是自以为是的，总是想着"教育"，讲故事总先想着故事是不是能教给孩子如何做人、如何做事，如果没有教育意义，就理所当然地认为不是好书，不是好故事。这样的原则，可能使原本好玩的、有趣的故事也变得枯燥乏味、冰冷无趣了。我认为，给孩子读绘本，有趣，是第一要义。

《不要再笑了，裘裘！》就是一本有趣的书。故事里，裘裘妈妈扮成狐狸在裘裘身上嗅呀嗅的，裘裘"咯咯"地笑；妈妈装扮成狼，在裘裘身上戳呀戳，裘裘"咯咯"地笑；妈妈装扮成可怕的野猫，拎着裘裘摇呀摇，裘裘笑着滚到地上……就连窗外的小伙伴看到，也跟着"咯咯"地笑，笑得东倒西歪。我曾经跟听过绘本的孩子交流，他们都喜欢这个情节，他们

王传贤，深圳市螺岭外国语实验学校教科室主任，原哈尔滨市教育研究院小学语文教研员。曾荣获"全国模范教师""黑龙江省模范教师"等荣誉称号。多次参加国家级教学大赛，获首届全国"七彩杯"语文教师素养大赛特等奖。

也会像窗外偷偷观察的小动物一样，开心地笑，甚至笑得前仰后合。他们虽然笑，可是都很喜欢故事里的妈妈，因为妈妈会扮演各种角色和裘裘玩。尽管妈妈是担心的表情，尽管妈妈不开心地叹气，但孩子们喜欢这样的妈妈，喜欢能够和他们游戏的妈妈。

所以，我觉得有些绘本其实是要爸爸妈妈来读的。当我们读到这样的情节时，我们是会和孩子一样开心地笑，还是和负鼠妈妈那样担忧着急呢？也许，你看到孩子听到这里露出笑容时，还会看到他们眼中的一丝渴望，渴望着自己的爸爸妈妈也能够这样陪伴自己。我们可曾这样陪伴过孩子呢？我女儿小时候最喜欢跟我的妹夫玩，他们俩能够从客厅到卧室折腾得天翻地覆，捉迷藏、寻宝藏、打海盗……以至于女儿曾经对她的妈妈讲，要是小姨夫当我的爸爸该多好。看到这些，我总会觉得自己陪伴孩子的时候太少！

除了大声读书给孩子听，我们还可以让阅读变得更活泼有趣些。比如，《不要再笑了，裘裘！》这个绘本，我还建议爸爸妈妈和孩子一起来分角色演一演。负鼠妈妈的角色当然是妈妈来扮演；孩子扮演小负鼠；爸爸呢，可以扮演那只大熊。或者，可以尊重孩子的意见，请他们来分配角色，也许可以来个反串。相信，这一定是一次非常有趣的亲子体验。

另外，还可以讲一讲关于负鼠的科普知识。负鼠在躲避敌害时还有一个"装死"的绝招，十分灵验，可以迷惑许多敌害。在即将被擒时，负鼠会立即躺倒在地，脸色突然变淡，张开嘴巴，伸出舌头，眼睛紧闭，将长尾巴一直卷在上下颌中间，肚皮鼓得很大，呼吸和心跳中止，身体不停地剧烈抖动，表情十分痛苦地做假死状，使追捕者一时产生恐惧之感，在反常心理作用下，不再去捕食负鼠。如果这样还不足以迷惑对方的话，负鼠会从肛门旁边的臭腺排出一种恶臭的黄色液体，这种液体能使对方更加相信负鼠已经死了，而且腐烂了。此刻，当追捕者触摸其身体的任何部位时，负鼠都纹丝不动。不少食肉动物看见负鼠的确"死"了，鼻孔中一点儿气也不出，连体温都下降了许多，捕食者就会离去。等敌害远离，短则几分钟，长则几个小时，负鼠便恢复正常，见周围已没有什么危险，就立即爬起来逃走。这，是不是也很有趣？

我们可以很平等

我为什么向孩子们推荐《吃掉你的豌豆》

文 / 王 慧

21世纪出版社

吃掉你的豌豆

作者：凯斯·格雷 文，尼克·沙拉特 图，崔维燕 译
定价：32.00元

《吃掉你的豌豆》，第一次看见它就被这淳朴的画风所吸引。凯斯·格雷的作品与一般大众不同，具有独特的思考角度与意想不到的故事结局。绘者尼克·沙拉特从小开始画画，在成为童书插画家前，他的工作是画教程书里的插画。《吃掉你的豌豆》是他们两个人第一次合作。这本绘本在2001年打败了《哈利波特》，荣获该年度的"儿童图书奖"，这个每年由2万名英国儿童票选决定的奖项除了证明这本书深获童心，还提醒父母们需要聆听孩子们的心声，一起营造融和美好的亲子关系。

每每讲起《吃掉你的豌豆》这个故事，孩子们都会很兴奋。绘本中没有大人们施加的世界观，就是一个自然的对话。妈妈说："吃掉你的豌豆。"黛西说："我不爱吃豌豆。"如果在你的家中，孩子这样说你会怎么办？有些人会说："求求你，吃了吧，它很有营养。"有些人会说："你吃了，我给你买玩具。"黛西的妈妈一开始只是想通过一根冰激凌来解决问题，但无法解决。于是妈妈不断叠加各种条件，"吃掉你的豌豆，就可以吃冰激凌；还可以多玩半个小时，再上床睡觉"，可黛西始终没有妥协。

第一次看这本书的孩子一定会一气呵成地看完，并不厌其烦地拿出来反复翻看。很多孩子在阅读时都会数一数每页上面的数量是否与妈妈或老师所讲述的数量一致，这就是孩子们的乐趣。我认识的很多成年人也很喜欢这本书，在他们带着微笑阅读这本书时，也是在学习找到和孩子沟通的方式。虽然很多孩子也不会相信黛西妈妈真的可以买那么多的东西送给她，但是却可以找到身边也曾挑食的妈妈的影子。很多孩子挑食是因为在模仿家人的饮食习惯，如果家中有些人的饮食习惯比较特殊，就会影响到孩子，如果父母有挑食的习惯，就不要强迫

王慧，哈尔滨师范大学美术学院教师。国家心理咨询师、艺术治疗师，从事少儿艺术教育17年。多年来，一直致力于儿童绘画心理研究，创立儿童绘画心理解读技术，擅长插画绘画、艺术治疗及亲子绘画心理咨询。

自己的孩子不挑食。学龄前的孩子会把父母当成自己的榜样，你能做到，孩子们才能做到。先要从改变大人们的饮食习惯做起，如果不是家里人饮食习惯的问题，那么就需要你找到孩子挑食的原因，是讨厌味道还是食之无味，是讨厌颜色、形状和质感，还是另有原因。总之，要对症下药，通过榨汁、捣碎来改变食物的形状，采用孩子们喜欢的烹饪方式，也可以把食物做成他们最喜欢的物品的形状来让孩子们慢慢开始吃自己不喜欢的食物。

　研究多年儿童心理，我深知许多前来咨询的家长们所困惑的问题在很多家庭都存在。面对孩子们的坏习惯及坏情绪，很多父母第一反应就是推责，把问题归咎于长辈、社会或者老师。其实，孩子们的问题，往往来自于他们的原生家庭，大多数家庭的教育要么过于严苛，要么过于娇惯，而最主要的原因往往是家庭教育理念的不统一。由此，使孩子们在或严苛或娇惯的教育环境中被来回撕扯，造成孩子们偏执、自私的性格，从而很难适应集体生活。我们在与孩子们沟通时，也要让孩子们感受到父母与孩子是平等的。有这样一个故事：一位母亲，她在周末时总喜欢带着自己5岁的女儿逛商店，但小姑娘看上去好像不大愿意去，母亲就有些奇怪。心想：商店里有琳琅满目的东西，我还经常给她买新衣服，还给她买糖果，洋娃娃，这孩子怎么不喜欢呢？一天，母亲连哄带骗把孩子带出了家门，小姑娘满脸的不高兴。到了商场，母亲依然是兴味盎然，而她的孩子呢，却是高高地噘着小嘴巴，任由妈妈牵着小手，倒腾着小腿，跟跄着跟着妈妈东走西奔。突然，孩子松开了妈妈的手，落在母亲身后，母亲回头一看：哦，原来孩子的鞋带开了。母亲蹲下身子，为孩子系鞋带。陡然间，她发现了一种从未见过的陌生而可怕的景象：眼前晃动着的全是腿、脚、胳膊，而且有那么多，他们来往晃动着，纷纷扰扰的，似乎要碰撞打架了……这景象让母亲惊愕，她一下子明白过来她的孩子为什么不想跟她逛商场。于是，她抱起孩子，快步逃出商场。以后，即便是必须带孩子进商店，她也是把孩子扛在肩上。而且她还学会了蹲下身子来看看孩子的世界。在与孩子的交流中，她更加有意识地站在孩子的角度想问题。这样问题就迎刃而解了，孩子和她也越来越亲。所以，要想建立良好的亲子关系，"平等"很重要。

作为一名老师，从幼师毕业到大学留校任教，我从未离开学校，我的学生从幼儿园的小朋友到已经参加工作的大学生，我已经数不清一共教过多少学生。学生们给予我的不仅是快乐与烦恼，更是一种成长的"双赢"。我很庆幸17年的执教生涯并没有让我"居高临下"，我仍然还能用"一个孩子的眼光"去看世界，去帮孩子们挑选好的绘本，与热爱绘本阅读的朋友们一起倾听孩子们的"声音"。

请相信雪地里灯光下的"暖"

我为什么向孩子们推荐《小狐狸买手套》

文 / 王劲春

南海出版社

小狐狸买手套

作者：[日]新美南吉 文，[日]黑井健 图，彭懿、周龙梅 译
定价：29.80元

《小狐狸买手套》这本书是日本著名童话作家新美南吉最动人心的故事，在日本家喻户晓，并被选入小学语文课本。狐狸妈妈千百般地嘱咐小狐狸在买手套的时候别伸错了手，由于小狐狸的紧张最后还是伸错了，但结果并没有像妈妈讲的那样。这是一个表现母子深情的童话，温暖人心的不朽经典。故事蕴含着淡淡的哲学味道，令大人和孩子读后都深受启发。

起初看到这本《小狐狸买手套》，是被飘零着雪花却丝毫不觉得冷的封面吸引了：雪地里狐狸妈妈与小狐狸对坐着，对视着，手牵着手，画面让人温暖到心都融化了。打开环衬页，雪覆盖着空旷的原野，透着些干枯的野草，又让我们不由得想知道这究竟是一个什么样的故事？白雪皑皑的寒冷冬季，狐狸妈妈为了不让小狐狸的手被冻伤，陪着他去镇上买手套。在途中，狐狸妈妈想到曾被人类误会和追杀的经历，不敢陪小狐狸去人的店铺买手套，于是施法将小狐狸的一只手变成人手，并叮嘱他到了店铺一定要伸出人的手。可是小狐狸来到商店门口时，却因为紧张还是伸错了手，这可怎么办？小狐狸买到手套了吗？他会不会被人抓住关进笼子里？这是一个温暖的故事，幸好《小狐狸买手套》有一个让人欣然微笑的结尾。

有文字介绍，这篇童话曾先后由多位不同的插画家配图出版，但唯有黑井健的绘图牢牢把握住了狐狸母子间的温情、小狐狸的天真可爱和雪国梦幻般的美丽场景。每每翻看这本书，我最喜欢最欣赏的还是小狐狸手里抱着刚买回来的手套，站在一户人家的窗户前，淡黄色的灯光从碎花的窗帘透出来，窗前依稀透出一位抱着宝宝的妈妈的影子。小狐狸静静地注视着，似乎又想起了什么。

王劲春，牡丹江教育电视台《教育新闻》主播，《教育访谈》节目制片人，"第二书房"牡丹江馆创办人。长期致力于儿童阅读推广活动，先后录制有关儿童绘本阅读访谈专题片20余部，录制个人有声故事专辑近200期，设计主持家长亲子故事会、教师阅读沙龙50多场。

小狐狸可能想到什么呢？文中没有答案，却给读者留下许多想象空间。

因为狐狸妈妈有过被人类追杀的经历，可怕的虐杀给动物留下了随时都产生警觉和怀疑的阴影。相反，人类长期认定狐狸善变与狡猾，显然造成孩子对一些动物的不可信任，且回避接触。这样两相抵触的局面似乎难以融洽，可是，买到手套的小狐狸望着人类妈妈抱着孩子唱歌和讲故事的温馨画面，人类妈妈和自己妈妈唱着同样的摇篮曲，人类妈妈还讲着狐狸家族有趣的故事。作者用小狐狸的这段经历告诉我们，其实无论动物，还是人类都有亲情、怜爱和善良。人类和动物需要相互信任，可以相互取暖，和谐相处。人类也该摒弃疑虑，不要给狐狸印上骗子的名签。

故事结尾，狐狸妈妈正提心吊胆地等着小狐狸回来。她浑身颤抖，嘴里不停地念叨："我的宝贝，你该回来了，你一定要回来啊！"读到此处，狐狸妈妈的心情，同样牵绊着每一位读者的心。母爱是迷惘时苦口婆心的规劝；母爱是远行时一声殷切的叮咛；母爱是孤苦无助时慈祥的微笑；母爱是期盼时归心似箭的焦急等待。小狐狸回来了，狐狸妈妈把他紧紧地搂在怀里，高兴得直流眼泪。小狐狸钻进妈妈怀里，兴奋地说："瞧，妈妈我买到手套了，刚才发生的故事我要慢慢地讲给您听。"狐狸妈妈笑了，小狐狸也笑了。

在这个被白雪覆盖的静谧的森林里，狐狸母子间深情的故事就像一个精灵，见证着这里曾经发生过的一个奇迹。它仿佛是用无声的语言，在默默地诉说：人与人和谐，人与动物和谐，人与自然和谐，这个世界是和谐的，身边的一切是美好的，万物的存在也都是有价值的。

成长的路上，我做过教师，做过园长，做过记者，做过主播。职业的转换，坚定了我做一个阅读推广人的信念。陪上了初中的女儿一起看绘本，为幼儿园的小朋友讲故事，和教师朋友分享阅读的感悟，给家长传播亲子阅读的重要，我每天乐此不疲地做着这些幸福有趣的事。就像故事中那位帽子店的老板的善意，他想告诉动物，告诉成人：用孩子的眼光看世界，世界的风景就是美妙的。请相信每一片荒草丛生的雪地里，每一间灯光亮起的屋檐下，都有善良和美好的"暖"。放手让孩子长大，从买手套取暖开始……

让我们和孩子一起成长

我为什么向孩子们推荐《小熊的特别愿望》

文 / 王立

四川出版集团
四川少年儿童出版社

小熊的特别愿望

作者：［英］吉莉安·罗贝尔 文，［英］加比·汉森 图，柔光 译
定价：14.50元

《小熊的特别愿望》是一个温馨、幽默、积极的故事，讲述了友谊和爱的奇迹。绘本以清新可爱的画风，温柔细腻的语言描绘了小熊实现愿望的过程。憨态可掬的小熊让人忍俊不禁，同时又被他坚持不懈的劲头所打动。《小熊的特别愿望》让孩子们感受到了坚持的可贵，让成人体会到了来自孩子的那份软软的爱恋，是一本非常适合亲子共读的书。

宝宝，你知道吗？努力的你最可爱！

故事中的小熊最打动我的，还是他为了寻找给妈妈的礼物而付出的努力。在故事中小熊为了实现愿望，一共做了5次努力。我在看绘本的时候，以为一个4岁的孩子应该读不懂，除了看到小熊滑稽可爱的动作，对小熊那种坚持应该是体会不到的。在给女儿读绘本之后我试探性地问她："你喜欢小熊吗？"女儿说："喜欢呀。""为什么呢？"女儿说："好可爱呀。""他哪里可爱呀？""他长得可爱。""还有吗？"我有点儿不甘心，接着问她。"因为小熊很努力啊。"女儿的回答，让我吃了一惊，原来4岁的孩子已经知道努力的含义了，她可以感受到努力是一种可贵的品质，她已经可以从喜欢一个人的外表转而去体会可爱的内心了。我试探着引导她："那你想做这只可爱的小熊吗？""当然想啊。""那如果你在穿衣服时遇到困难了怎么办呢？""那我就再试一试呗。""那如果你在吃饭的时候偷懒而不想自己吃呢？""那我也试一试。"我满意地听着女儿的回答，我也很高兴在读完这本书之后会有这样的效果。其实绘本就是有这样的魔力，它可以用那么具体美丽的图画，诠释一个又一个简单，但却能影响孩子心灵。在这些美丽的图画中，孩子自然而然地把主人公身上的优秀品质和图画结合在一起，感受着图画的魅力，将主人公的外在形象与内在品质很巧妙地融合在一起，从而使孩子产生一种倾向性，即孩子也希望自己能成为故事中的人物，像故事中的人物一样可爱。这比多少说教都来得有效。绘本是孩子阅读的启蒙，同时也是孩子完成自身教育的第一步，心向美好而后成为美好。

爸爸、妈妈们，别辜负那份软软的爱!

看到封面上那个可爱的、胖胖的、软软的、充满了质感的小熊，我就被深深地吸引住了。在很多动物中，小熊的那种没有棱角的身子，胖胖的、憨厚的表情，总是最能唤起心灵深处那份软软的爱。再读一读里面的故事，你会发现这是一只多么可爱的小熊。他不仅有可爱的外表，更有一颗可爱的心灵。在这个故事里，小熊有一个特别的愿望，他想给妈妈一个最特别的礼物：他看到了星星，星星好美啊，送给妈妈，妈妈一定好高兴。于是他向着这个特殊的愿望出发了。

以前一直在听人说当妈妈的，有多么爱自己的孩子。可当我有了自己的孩子才发现，孩子是多么多么爱自己的妈妈。女儿在被批评之后，她的第一个要求总是"妈妈，抱抱"。在她那小小的、柔弱的心里，妈妈是这个世界上她最爱最爱的人，即使犯了错误也要在妈妈的怀里哭才觉得安全。晚上睡觉的时候，她总是要把她肉乎乎的小手放在我的头发里，小手指卷着缠着绕着，才能入睡，用她的话说"妈妈的头发香香的，放在手里我睡得快"。给女儿读完这本绘本，女儿突然说："妈妈我也要送你一个特别的礼物。"我很好奇，我问是什么礼物，没想到女儿一把抱住我的头，使劲儿亲了我三下。在她小小的、温暖的怀抱里，我竟有一时的脆弱，原本寻寻觅觅的生命，此刻心满意足地静止在那里。

我们成年人把爱零零碎碎地分了很多份。而孩子全心全意地爱着我们，简单、纯粹。他们会用小小的身体拥抱我们；会努力地做一个简单的手工送给我们；会对着我们唱一首刚刚学会的歌曲；会用嫩嫩的、软软的声音告诉我们，妈妈我好爱好爱你。就像这只小熊一样，他是多么爱自己的妈妈，才会这样努力地去寻找一份特别的礼物。作为母亲、作为家长，我们真的不能辜负那份软软的爱。

王立，原哈尔滨市风华小学校教师。小学高级教师。在省、市、区各级教学大赛中多次获奖，所执教的《小珊迪》获黑龙江省"精英杯"教学大赛特等奖。2008年12月参加中央教科所课题总结大会，在大会上做观摩课。2009年，被评为"哈尔滨市香坊区首届小学语文名师"。现定居沈阳，就职于沈阳市和平区和平大街第一小学。

小小的绘本、大大的世界。亲子共读，在纯净的世界里，成长的不只是孩子，还有我们自己。作为妈妈，我非常享受和女儿一起阅读绘本的过程。让心灵逃脱闹市的喧嚣，让美好静静地展现于眼前，用我们的声音、我们的语言，传递这份美好。在孩子幼小的心里播种美好的种子，然后慢慢期待这些种子发芽、开花，期待我们的孩子也能化身为美好！绘本世界用最美好的故事、最温情的画面诠释着人间真情，让我们和孩子们一起栖身书海，寻找生命最初的美好吧。

在温暖中体味生命的意义

读《长大做个好爷爷》有感

文 / 王秋菊

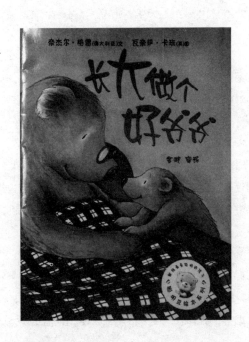

外语教学与研究出版社

长大做个好爷爷

作者：［澳］奈杰尔·格雷 文，［英］瓦奈萨·卡班 图，金波 审译
定价：14.90元

这是一本充满爱的绘本，讲述了一个爱与亲情的故事。绘本巧妙地用孩子的语言讲述生命的话题，用平淡的语言告诉孩子们什么是死亡，用温暖和爱消除孩子们对死亡的恐惧，让孩子们在轻松中坦然接受生命的终结。同时绘本告诉孩子们生命的真正含义，告诉孩子们如何善待生命、善待亲人。

《长大做个好爷爷》，通过一个温暖的故事，揭示了一个值得深思的话题，在亲子共读中抒发对人生的感悟，提高对生命的认识。

记得一个周五的秋日下午，在阳光的照射下，我和女儿捧着这本《长大做个好爷爷》一起阅读。说实话，在女儿的书柜里，这本书已经沉睡了很久，因为每次选书阅读时，我们都没有把它列为感兴趣的阅读对象，直到所有书都读了一遍后，才轮到这样一本遗落在角落的书上——或许是因为女儿没见过她的爷爷，所以对爷爷没有感性的认识。

在轻松中开始，并在惊喜中发现，我们恰巧选择了周五阅读这本书，仿佛和小熊以及他的爷爷有了一个奇妙的约定。直到后来我发现作者竟然是用一个童话故事告诉我们关于生命的话题，在心灵震撼的同时，我开始担心女儿能否理解这个陌生的主题。果然女儿的表情不再轻松，在认真聆听时开始思考，我有意放慢了语速，以便让她能更好地体会故事背后的真正含义。

女儿曾经问过我关于爷爷的话题，也问过我什么是死亡，我都在犹豫和躲闪中尽量给予回

王秋菊，哈尔滨市第四中学教师。中学一级教师。曾荣获
"哈尔滨市模范教师""道外区优秀班主任""哈尔滨市
第四中学师德先进个人"等荣誉称号。她努力提升自我，
倾注亲情陪伴，坚持亲子共读。用实际行动努力做一个爱
学生的好老师和懂孩子的好妈妈。

避，因为害怕孩子受到伤害，其实更因为没找到合适的方式讲述死亡。而这本书恰巧在构建一个温暖感人的场景中让孩子们知道什么是"死亡"，在轻松中接受"死亡并不可怕"这一主旨，同时知道如何坦然面对死亡，以及如何在死亡来临时做好临终关怀。这正是我们无法用个人语言和行动让孩子接受的话题。

整个故事主题严肃，但情节活泼，话题沉重但节奏舒缓。读罢掩卷静思，不禁让我有很多人生感悟：生活是简单的，不必轰轰烈烈，不必波澜壮阔，只要每天与亲人相聚，简单问候，共同观赏风景，谈论人生，这就足以成为我们的全部。死亡是必然的，这是一个没有人愿意面对却谁都无法回避的话题。无论是多么至亲的人，无论你多么不希望他离开，你的亲人注定要离开你，而你也终究要以这种方式离开你的亲人，离开这个世界。生命是温暖的，棕黄色的小熊一家，橘色的台灯，红色的花朵，绿色的森林，彩色的雨伞，这些色调让我们无比温暖，就连冬雪和下雨都不再让人感到寒冷。

经过这次阅读，我惊喜地发现女儿对于生命的观念明显改观。一段时间之后，她开始更加善待亲人，特别是对奶奶。虽然奶奶身体很好，但女儿还是用自己稚嫩的方式表达自己的关爱。她的这些改变甚至体现在了我们家养的小鱼身上，她每天给小鱼喂食；清理小鸡的窝，时而带小鸡下楼散步等都成了她的工作。有些她不能做的事情，如给鱼换水等，她会及时提醒我们家长去做。而看风景、养花、给我们熟悉的事物起名字也成了我们生活中的一些游戏方式。

说来惭愧，这几乎是我读过的第一本关于生命和死亡的书籍。后来又读了《象老爹》《獾的故事》《活了100万次的猫》等，这些绘本让我对这一话题有了更深的理解，也懂得了珍惜家人以及做好临终关怀等，这些看似让人棘手的问题使我有了正确的态度。同时，我敬佩作者能用轻松的语言引出严肃的话题，用精巧构图烘托主题；更敬佩作者深邃的思考能力，使我们众多儿童和家长能坦然接受故事所传达的主旨。作为家长，我开始反思在对儿童实施教育的同时，也要不断提高自身的修养，不断修正自己的人生态度，为孩子的人生指明方向。

两只鞋子一起奔跑

我为什么向孩子们推荐《红鞋子》

文 / 王葳

明天出版社

红鞋子

作者：汤素兰 文，赵晓音 图
定价：19.80元

这是一本充满爱且具有启迪意义的绘本，非常适合亲子共读。绘本以一只红鞋子遇到另一只红鞋子的故事表达了所有人都需要伙伴的理念。一个人走，世界是孤零零的，两个人相互扶持才可以走得更远、更顺畅。故事告诉我们：小伙伴们是需要朋友的陪伴的，红鞋子的伙伴就是另外一只红鞋子。孩子们，你的红鞋子是谁呢？两只红鞋子在一起，我们才看得见"走路"，并且看得见"奔跑"。

这本《红鞋子》是我儿子的班主任老师推荐的，像以往推荐的绘本一样，起初我并没有太在意。当我想找一些关于朋友之间的相处之道的绘本时发现了它，并一下子被它的故事吸引和启迪，尤其是简单的故事蕴含着深深的道理，出人意料，但却耐人寻味。

《红鞋子》中的主人公是红鞋子和小老鼠。小红鞋和他的主人走散了，遇到了小老鼠，小老鼠和他一起去找另一只红鞋子。小红鞋胆小如鼠，而小老鼠却胆大包天。他们历尽千辛万苦，相互鼓励，最终，小红鞋找到了他的主人。于是小红鞋的胆子也变得大了起来。读到这儿我便想，我的孩子不能像书里的小红鞋一样胆小。这本书告诉我一个道理，我们在遇到困难的时候需要勇敢、自信，而不能胆小、退缩。绘本具有独特的艺术风格，其构思精巧，语言清新优美，能从平凡的一花一草、一事一物中提炼出浅显易懂但却深刻的人生哲理，这让小读者在阅读这些童话的过程中，认知世界，感受美好。

《红鞋子》的故事告诉孩子们的是每个人都需要伙伴。红鞋子的伙伴就是另外一只红鞋子。两只红鞋子在一起，我们才能"奔跑"。当红鞋子有了另一个伙伴的时候，他们是精神抖擞的。不论软软的草地，还是坑坑洼洼的道路，或是从小河的这一边向那一边跳跃过去，他们都要试一试！非要试一试！结果全部成功了。他们说不定还向往崎岖的山路和更加艰难的沙漠。他们说："是的，我们向往的，我们向往的！就往那儿走去。"这是红鞋子的理想，红鞋子的使命。

但是现在，红鞋子是忧愁的，因为只有一只红鞋子，另外的一只到哪儿去了呢？

孤零零的时候，别说鞋子是无所作为的，一个人也会傻头傻脑，无精打采，没有灵感。生命不能孤零零，人不能孤零零。小老鼠来得正是时候。小老鼠是为了压在红鞋子鞋跟下面的半块饼干而来的，可是红鞋子却因小老鼠的到来，找到了缺失的伙伴，找到了愿望。

期待这些洋溢着温煦气息的心灵成长故事能启迪童心，引领孩子们去体会"分享""关怀""友谊"的美妙，以及"承受挫折""接受自我"等许多需要我们用一生去细细感悟的宝贵的心理品质。

我喜欢读书，我的儿子也喜欢读书，可是给孩子选择什么样的书才能对孩子的发展、身心健康有益，一直是我的困惑。亲子共读活动非常有意义，让家长更加重视孩子的课外阅读，调动孩子和家长阅读好书的积极性。为了激起孩子的读书欲望，使他的童年过得更加充实，我和孩子经常一同到书店选书。选书由孩子做主，这极大地调动了孩子的积极性。孩子买到自己喜欢的书，爱不释手。我和孩子商定每天写完作业阅读30分钟，孩子有兴趣就多读一些。但在孩子的阅读过程中，我发现孩子只是看热闹，看里边的小故事，并不能更好地体会故事所传达的教育意义。于是我开始抽空和孩子一起读书，并和孩子比赛：谁有时间谁看，看谁看得快，谁看完一部分都要给对方讲讲看了哪些内容。在阅读过程中，我和孩子一起讨论、交流，提高了孩子的语言表达能力。有时间的时候，我会给孩子读一段，让孩子享受倾听的快乐，然后共同讨论书中的故事、人物，让孩子养成了读书、讨论、思考的习惯。以前孩子只是读书，懒得做笔记。我和孩子共同读书以来，我们一起边读书边把看到的好词、好句记下来，注重引导孩子记录好词、好句，让孩子逐步养成用心读书的习惯，而不是光看故事情节。这样坚持了一段时间后，孩子基本上做到了边读边找好词、好句，读书也用心多了。与

王葳，黑龙江大学教师。在工作中，她陪伴着自己的学生们共同成长；在生活中，她陪伴着自己的孩子一起长大。她坚持读书给孩子们听，分享好书，使孩子们领略书中的别样风采。她坚信亲子共读会使孩子们眼中出现不一样的世界！

孩子一起读不仅仅是分享快乐，更重要的是分享困惑。孩子不懂的地方我会谈谈自己的理解，或和孩子一起查资料，这样家长和孩子在阅读中都增长了知识，训练了思维能力。如今，我们的亲子共读是从被动读书慢慢转变为主动读书，亲子共读正在成为我们一家人的良好习惯，以后我们会不断改进方式方法，进一步激发孩子读书、思考的兴趣，使孩子与书为友，与书为伴，在读书中健康快乐地成长。

无论是作为老师，还是作为妈妈，我愿意通过我的朗读来陪伴他们成长，陪伴他们度过人生的不同阶段，给他们温暖，伴他们前行。

"捧起绘本"就是故事

我为什么向孩子们推荐《驴小弟变石头》

文 / 王余洋

明天出版社

驴小弟变石头

作者：[美]威廉·史塔克 文/图，张剑鸣 译
定价：32.80元

《驴小弟变石头》的作者是威廉·史塔克，他用大师之笔、孩子之眼解读了充满"魔力"的爱。这本书曾获得美国最具权威的绘本奖——凯迪克奖。这本书适合孩子读，因为它是一个因"爱"而生的奇妙故事；这本书孩子们喜欢读，因为书里面有一个由"爱"幻化出来的魔法世界；这本书更应该亲子共读、师生共读，因为它能让我们在焦躁中沉寂下来，重新思考：我们最需要的，或许就是我们已经拥有的。

作为一位父亲，一名老师，我经常会读一些儿童文学作品。在读这类作品的时候，我多是带着任务去读，以便讲给我的孩子或推荐给我的学生。久而久之，当面对儿童文学时便会要求自己像个孩子一样去读书，生怕成人的视角会与作者的写作意图有所偏颇。但在读绘本故事《驴小弟变石头》时，自始至终我忘记了自己的"任务"。故事中，驴妈妈和驴爸爸对驴小弟的爱让我感同身受，那块蕴藏着魔法的红石头更是圆了我隐藏心中三十余年的梦。我庆幸终于发掘了一本儿童书，能够让成人作为读者去认真地品味。

威廉·史塔克的作品似乎总是对魔法情有独钟，这无疑会唤起每一位读者内心深处的无限遐想。他的作品又总会带着一种返璞归真的感觉，简单的图画就像记忆中苍白的老照片，却总能唤起无法抗拒的、震撼人心的情感。

从成人的角度来读这个故事会发现：结构的安排和情节的发展都在情理之中。喜欢收藏石头的驴小弟得到了一块红色魔法石，可这时遇到了饥饿的狮子。他本该使用魔法石对付狮子，却因为害怕而把自己变成了石头。红色的魔法石就在他的身边，可是，他却没办法拿到，也没有办法开口求助。此时，驴爸爸和驴妈妈为驴小弟的失踪悲痛欲绝。随着时间的推移，驴妈妈和驴爸爸准备重新振作，到草莓山上去野餐。驴妈妈坐在驴小弟变成的岩石上，她温暖的体温弄醒了正在冬眠的驴小弟。驴爸爸捡起了那块红色魔法石，并放到岩石上。看到爸爸和妈妈的驴小弟，在心中高喊希望变回原来的自己。结果驴小弟梦想成真，一家人团圆。

如果你是一位读者，你会假定自己就是故事中的主人公驴小弟。而如果你为人父，为人师，你就会不自觉地把自己定义为故事中的驴爸爸或驴妈妈，而让孩子们成为你故事中的主人公。

我与自己的孩子和学生们都读了这个故事。5岁的儿子被故事中红色的魔法石深深地吸引。他觉得这块石头很神奇，对它充满了幻想，进而羡慕驴小弟，希望自己也能拥有这样一块魔法石。他要借助石头实现的第一个愿望就是要很多的玩具。这就是孩子，他的纯真在于对内心单纯的想法的直接表达。随后读到驴爸爸和驴妈妈因为找不到驴小弟而悲痛欲绝，儿子渐渐感受到了父母之爱。而真正刺痛儿子的是故事中"白天、黑夜、白天、黑夜……周而复始。山上的驴小弟醒来的次数越来越少……他觉得自己就要永远地变成石头，他得努力习惯。他沉沉地进入无休止的睡眠"这一直白的讲述。5岁的儿子突然说道："驴小弟得多孤单，多难过啊！"我便问他："此时的驴小弟要是能用魔法石许愿，他会许下什么愿望呢？"儿子很自然地想到父母，想到家庭。见时机成熟，我再追问："驴小弟终于知道了和爸爸、妈妈在一起才是最美好的愿望。你要是有魔法石，你的愿望还是要玩具吗？"儿子笑着告诉我："还想要。"我也真心地笑了。

和小学五年级的学生读这个故事感觉又大不一样。故事中的魔法显然已经不能激发他们的好奇，他们不会像幼儿那样为驴小弟的孤单而闷闷不乐，也不会在驴小弟变石头后虔诚地许愿"让他变回驴子，全家团圆"。但学生会质疑故事的情节，或者按照自己的思路来修改或创编故事。学生们都有这样的疑问：既然作者要歌颂爱，为什么最后驴小弟是靠自己许愿变回驴子的，而不是驴妈妈的呼唤救回驴小弟呢？显然父母的爱毋庸置疑，如果驴爸爸不是因为内心深处对驴小弟的思念，又怎么会像驴小弟那样拾漂亮的石子。如果不是母爱唤醒驴小弟，驴小弟又怎么会情不自禁地在心里喊。可见，魔法也需要爱的点化，父母可以给予爱，

王余洋，哈尔滨市香滨小学语文教师。曾获全国NOC大赛特等奖、全国信息技术与语文阅读教学整合大赛特等奖、全国"真语文"阅读教学大赛东北赛区亚军，并先后荣获哈尔滨市教师素养大赛特等奖、"烛光杯"阅读教学大赛特等奖。承担省、市、区教学展示课、研讨课、课题课70余节，多篇文章在国家、省级刊物发表。

但最终能否从困境中走出来，还要靠自己的意志。这是五年级孩子的收获。

对于这个故事还有很多不同的解读，我们还可以进行诸多思考：爱、魔法、亲情、欲望、得失、奇迹……但威廉·史塔克曾坦言："故事中有很多象征意味，但并不是刻意想出来的。"至此，我们应该明白，最美好的愿望无非这般：有亲可孝；有儿可育；有爱可感；有事可为。复何求？一家人，一本书，一点儿时间……或许这本身就是个美好的故事。

让绘本故事变得丰富起来

我读《大脚丫跳芭蕾》

文 / 魏 敏

河北教育出版社

大脚丫跳芭蕾

作者：[美] 埃米·扬 文/图, 柯倩华 译
定价：29.80元

《大脚丫跳芭蕾》讲的是热爱跳舞的贝琳达在参加舞蹈比赛时，因为脚大被评委们嘲笑，被迫放弃跳舞，而由于她的执着、热爱和不放弃，她的舞蹈最终被大家认可的故事。我喜欢故事中的这个女孩儿，她对一件事情的执着和热爱深深地打动着我。人无完人，同时生活中的事也不都是尽如人意的，女孩儿的乐观值得每一个人学习。

一本精彩的绘本，不仅仅讲述一段动人的故事，这故事中还一定搭配着一幅幅美丽的画面，甚至穿插着一曲曲动人的旋律！

拿到一个绘本，我首先关注的往往不是文字，而是绘本中的插图是否清晰，构图是否大气，颜色是否鲜艳……

也许有人会问我，一本故事书，你为什么不注重文字，而是最先关注它的画面。对这个问题的回答，正是我喜欢绘本故事的真正原因。

我个人认为，绘本最与众不同之处就是它配有"画面"，它最大的看点也应该是它的"画面"，否则怎么能称其为"绘"本呢？其实，最能培养孩子能力的绘本，应该是没有文字的绘本，一本无字绘本，可以从观察力、想象力、判断力、口语表达能力、艺术鉴赏力、朗读能力、艺术表演力等多方面对孩子进行全方位的培养。有人说，按照你的观点，绘本中的文字就是没有用的喽？当然不是，任何事物的存在必定都有它的意义。绘本中的文字也是一样，它的存在，不仅仅是在讲故事，更是在教孩子如何讲故事，如何遣词造句，如何进行口语表达，如何运用语言文字……

叶圣陶先生曾经说："语文教材无非是个例子，凭这个例子，应使学生能够举一反三，练就阅读和作文的熟练技能……"由此可见，我认为："绘本中的语言，无非也就是一个例子，在与孩子共读的过程中，凭借这个例子，孩子能够掌握语言文字运用的方法，学会举一反三，熟练应用……"

拿起《大脚丫跳芭蕾》一书，我会以封面引导孩子们认真看图："这个女孩儿在做什么？"

孩子们就会回答："她在跳舞！"（回答得简单不要紧，降低难度，让孩子们敢于表达才是真正目的。）

我接着会追问："你感觉她舞蹈跳得怎么样？"

"我觉得她跳得很好，因为你看她的表情在微笑，老师说过跳舞时表情要美美的！"

"可是我觉得她的脚有点儿大，跳舞会不灵活。"

……

孩子们一个个地回答，丰满了人物形象的同时，也通过孩子们自己的想象、判断，激发他们继续把故事读下去的兴趣。而这个环节我的主要目的不仅仅是激发孩子们读书兴趣，更是为了训练他们的观察能力和逻辑思维能力。

接下来翻开扉页我会继续引导孩子们猜测、想象："她在幕布后面露出半张小脸干什么？为什么这样做呢？"（这个环节充分地训练了孩子们深入挖掘人物心理的能力，这个环节也是为了充分培养他们的想象力、口语表达能力和逻辑思维能力。）

"是不是像大家说的一样呢，我们来听一听故事是怎样说的吧！"充分看图之后我才会把故

魏敏，哈尔滨市工农兵小学教师。中学高级教师。全国
"百佳"语文教师，黑龙江省语文学科骨干教师，哈尔滨
市语文学科骨干教师，哈尔滨市语文学科带头人。长期致
力于绘本教学实践的研究，最喜欢的事就是给孩子们上绘
本课。

事读给孩子。这样听故事，会让孩子们对故事中描述的语言感到更加亲切，也能更容易地在他们脑海中快速形成画面感。

对于在读故事的过程中，我还会随时抓住语言文字运用的训练点，对孩子们进行语言文字运用的训练，并进行朗读指导，读出角色感，读出画面感！

对于整个故事，我都以大脚丫的情感为线索引领孩子们在书中共同徜徉。读一个故事，文字表面描绘出的往往是一段感人的情节。但细细品味，你会发现，其实这些文字背后正在悄无声息地谱写着一曲动情的旋律。大脚丫由自信、刻苦到沮丧、哀伤，由放弃梦想到重拾希望……这情绪多么的波澜壮阔，多像一曲动人心弦的交响乐章。抓住描写贝琳达动作的词语，如"姿态优雅、脚步轻巧灵活""动作快，脚步轻巧灵活""脚尖忍不住一上一下地跟着打拍子"等，然后进行朗读、想象，看似普通得不能再普通的动词，其背后牵动的却是一个女孩儿的情绪和成长的经历。细细品味、深度挖掘，学生们会从心底感受到贝琳达对兴趣的执着，感受到只要坚持，梦想终会成真的道理！

"读写结合"是我阅读绘本故事后喜欢进行的一个训练。这个故事阅读结束时，我带孩子们一起进行"你想对贝琳达说些什么"的语言训练。

一本精彩的绘本故事，必定是由一幅幅美丽的画面、一曲曲动人的旋律、一段段精彩故事情节所构建的；一次精彩的绘本共读，必定是由一个个丰富的想象、一声声动情的朗读、一次次精彩的表达所组成的……

"便便"引发的思考

我为什么向孩子们推荐《是谁嗯嗯在我的头上》

文 / 吴治新

河北教育出版社

是谁嗯嗯在我的头上

作者：〔德〕维尔纳·霍尔茨瓦特 文，〔德〕沃尔夫·埃布鲁赫 图，方素珍 译
定价：35.80元

小朋友们大家好，你的爸爸妈妈是不是在为你的卫生习惯烦恼呢？今天给小朋友带来的这个绘本，生动地介绍了"嗯嗯"是什么及"嗯嗯"的不同样子。这是一本讲述大便的绘本，内容很浅显，非常适合小朋友来阅读。绘本中有趣的故事让小朋友们知道许多动物的排泄物及各种动物便便的特征。总之，你可以通过绘本内容，把平日里难以启齿的问题了解清楚。同时绘本也会激发小朋友们对未知世界的探求欲望。还等什么呢？相信你会喜欢它的！

起初看到这本书，觉得很有意思，光看书名，就与众不同。家里的绘本读物比较多，虽然买了一段时间了，但是没有时间去读这一本。突然有一天，女儿从书架上拿下这本书，指着书让我给她读。我看了看说："这本书好像没有什么意思，咱俩换一本吧？"（我的想法是，想换一本我喜欢的，所谓的"有教育意义"的书。）一般情况下，我可以借着读书的机会，对孩子进行教育。可是她执意要读这一本，没有办法，我只好答应了。读着读着就产生了我没有想到的效果——孩子竟然边听边笑了起来。我问："好笑吗？"女儿一边捂着鼻子一边说："太恶心了，太恶心了。"我说："那就换一本别的吧？"她连忙说："不换不换。"我很不解：为什么她觉得这么恶心，却还是那么想读呢？在我看来，一个这么平常的话题，有什么可以讲的呢？女儿对这本书的不寻常的反应，让我对这本书的内容产生了浓厚的兴趣，并想去研究一下孩子们喜欢的世界。于是在一次偶然的机会，我把这本书推荐给了我的朋友，她的孩子也非常喜欢。进而，我又在"声动冰城·为爱朗读"活动中读给更多的小朋友们听，也读给我一年级的学生们听，产生的效果与我女儿是一样的。大家都很喜欢这本绘本。因为它生动形象地向孩子们展示了一个科学的世界。一个被成人世界不愿提及的

吴治新，哈尔滨市继红小学校教师。小学高级教师。哈尔滨市骨干教师。曾获哈尔滨市"身边好老师""哈尔滨市优秀教师""南岗区优秀班主任"等荣誉称号。多次参与全国"一师一优课"市"烛光杯"等课堂教学展示。多次参与区百花奖，团队百花奖大赛，均获一等奖。参加多个国家、省、市、区级的科研课题。参与编写《课程与资源》和《阳光假日》等书，并参与"阳光送教"活动。

话题，在经过作者和译者妙趣横生的精心编译之后，呈现在大家面前的是别具一格的科学知识绘本。读了这个绘书，孩子们不仅获取了包括鸽子、老马、野兔、山羊、乳牛等在内的动物"便便"的知识，更建立了对事物的客观态度。同时，孩子们不仅知道了这几种动物的便便的形状，还主动去寻求其他动物乃至人的便便的知识。在了解便便的同时，更了解了动物的生活习性等我们想象不到的东西。通过阅读，孩子们感觉到，原来我们平时认为"恶心"的东西，也可以通过这么有趣的方式认识它、了解它，潜移默化中改变着他们认识事物的态度。这以后，孩子对自己曾经不愿了解的东西，觉得"恶心"的事物，都能主动去探求。这就是孩子的世界。

其实，生活中处处是知识，处处是科学，都是孩子们感兴趣的。我们要努力去挖掘生活中孩子们关注的内容，引导他们学习，开阔他们的视野，而不是一味地去灌输我们想要给孩子的"知识"。我是一名班主任教师，在我繁重的工作之余，我坚持每天给孩子们读喜欢的绘本读物。孩子们听着这些故事，似乎比课本上的知识记得更牢固，教育的效果更明显。就像我们班里有的孩子对数学的学习没有兴趣，我就给孩子们读《鼠小弟爱数学》，通过一个个有趣的故事来讲述一个个基础的数学知识和概念。特别是物体的重量、方位、空间运动、容量等，都可以借助文字和图画讲给孩子听。每个知识都是通过小老鼠们的日常故事讲出来的，孩子们在被这些趣味十足的故事吸引的同时，会不知不觉地主动思考，会与小老鼠一起寻找解决问题的办法，激发了孩子们对数学学习的兴趣。

数学来源于生活，又高于生活，是生活的重要组成部分，是一场神奇的探险，我们要学会建立数学与生活的密切联系。这样的教育，让学生易于接受，并受用一生。我们班还有的孩子总是喜欢在教室说话、嬉笑打闹，多次教育，也不见成效，好像说完就忘了，或者根本没听进去，不理解为什么在教室不能打闹。于是我给孩子们讲绘本《上学我会守纪律》，通过生动的图画文字，让孩子们真切地感受到教室不是游乐场，声响较大的游戏可以到操场上去玩。有图有真相，孩子们接受得更快、更清晰，比单纯地说教更有效果。

通过这样一次次的尝试，我发现如果把课本上的知识积极地与我们的生活联系在一起，孩子们就越容易接受。这样的事例再一次告诉我们，改变我们平时的说教吧，改变我们固有的认识事物的途径和方法吧！让更多的孩子能够在生活中学习并受到教育。生活知识的广博，足可以改变孩子的世界，改变孩子的未来。

爱让我们茁壮成长

我为什么向孩子们推荐《我是霸王龙》

文 / 徐 岩

北京少年儿童出版社

我是霸王龙

作者：［日］宫西达也 文/图，杨文 译
定价：32.00元

这是一本充满爱的绘本，非常适合亲子共读。在故事中我们可以体会到，爱是一种伟大的力量。正是因为心中有爱，故事中的小翼龙才会去救可怕的霸王龙；因为心中有爱，霸王龙看见小翼龙飞走后才会流下了不舍的眼泪。在故事中，我们感受到熟悉的亲情之爱——父爱如山、母爱如水。而像小翼龙这样帮助粗暴可怕的霸王龙就是我们比较陌生的一种爱：只有爱没有顾虑、没有胆怯，只有善意、只有信任——这是一种超越了世俗的大爱。这个感人的故事教会了孩子友爱、勇敢、坚忍和付出，这些都是孩子不可或缺的精神财富。

之前很多老师和学校都向学生推荐《我是霸王龙》这个绘本。记得我刚刚捧起这本传说中的好书的时候，瞥了一眼，并不是很喜欢——我不太喜欢日本宫西达也先生的这种绘画风格，颜色对比过于鲜明，线条也过于硬朗。可是读过之后，我却被深深地感动了，尤其是故事的结尾，出乎意料，又耐人寻味。

在宫西达也的这个霸王龙故事里，有个很有标志性的细节便是红果子。这个象征着友谊和温情的红果子，味道应该是爽口、清香并且带点儿甘润的，而当霸王龙逐渐康复，眼睛也看得见一切的时候，即那天晚上，当小翼龙抱着红果子回来，看到霸王龙正瞪着眼睛，嘴里也叼着鱼时，吓得手中的红果子掉了一地……

在二年级的班级读书课上，我读到最后一页时，特意掩卷而问："霸王龙看到小翼龙飞走了，他会怎么做？"很多孩子的设想是霸王龙会像灰太狼一样，恶狠狠地说："你等着，我一定会捉到你的。"当我读完结尾，引导孩子通过对比发现，之前受伤时霸王龙没有掉下一滴眼泪，而此时此刻，霸王龙却落泪了。这时，班里一个孩子说："其实外表凶狠的人也有一颗善良的心。"孩子们也感受到了那是一滴滴带着温度的、温暖人心的热泪。孩子们已经感受到了即使粗暴如霸王龙一样的人心中也有"爱的种子"，也渴望被爱、被关怀。这种感受，同样会在他们幼小的心里埋下善良的种子。

讲完这个故事，很多孩子感受到用一颗爱心可以温暖冰冷的心，可以化解仇恨。感谢宫西达也先生，他让我们看到了博爱的力量。但是我也像翼龙爸爸一样，很认真地告诉孩子们，生活中可能会遇到"霸王龙"，但我们不要怕，而是要像小翼龙学习，要学会先保护自己。

好的绘本绝不是只给小孩子读的，每一个人都会从中得到启示的。

身为人母的我能体会到浓浓的父母之爱。翼龙爸爸教他飞行的本领，希望他成为一只强壮的恐龙；翼龙妈妈教他做人，希望他成为一只善良的恐龙。这何尝不是我们做父母的真实写照呢？

身为人母的我能体会到翼龙父母决定飞走时那恋恋不舍的样子。尽管心中有着很多不舍，但小翼龙的爸爸妈妈还是选择了离开，安静的夜晚背后是牵挂、担心、不舍，是种种复杂的不平静的心境。

宫西达也先生在小翼龙的父母身上传达了自己的理念。一次他在接受中央电视台采访，被问及"理想中的父母是什么样"时，他这样回答："我认为应该像小翼龙的爸爸妈妈那样，不是把自己的理想强加给孩子，而是希望孩子的梦想会实现。"

如何做父母？爱孩子就需要放手，需要给予他飞翔的空间。在电视剧《潜伏》中有这样一句台词："有一种胜利叫撤退，有一种失败叫占领。"反复思忖，我们的父母之爱是不是在"占领"着孩子的生活，是不是在禁锢着孩子的成长。爱是给孩子自由，让他经历风雨的磨炼，自立自强；爱是静静地等待，允许孩子按照自己的节律慢慢成长。孩子的成长从某种程度上说就是和父母不断分离的一个过程。这也正如纪伯伦在《先知》中所写的：

徐岩，哈尔滨市经纬小学校教师。中学高级教师。全国
"百佳"语文教师，哈尔滨市语文学科带头人，哈尔滨市
语文学科兼职教研员，哈尔滨市未来教育家培养工程首
批学员。因其语文教学极具独特的教学风格，哈尔滨市教
育研究院曾召开"徐岩语文教育风格研讨会"。多次获得
全国青年教师阅读大赛、全国中央教科所优质课大赛等奖
项，参与教科版语文教材编写修订工作。

你的儿女，其实不是你的儿女。
他们是生命对于自身渴望而诞生的孩子。
他们借助你来到这世界，却非因你而来，
他们在你身旁，却并不属于你。
你可以给予的是你的爱，却不是你的想法，
因为他们有自己的思想。
……

无论是作为老师，还是作为妈妈，我都是一个自觉的"朗读者"。我愿意给孩子们读绘本，因为我坚信，在阅读中，孩子们积累的是语言，凝练的是诗性，练达的是智慧。而在阅读中，温暖的不只是孩子们，也包括我自己。

开启奇妙的绘本阅读之旅

我为什么向孩子们推荐《爷爷一定有办法》

文 / 杨修宝

明天出版社

爷爷一定有办法

作者：［加］菲比·吉尔曼 文/图，宋珮 译
定价：32.80元

《爷爷一定有办法》来源于一个古老的犹太民间传说，作者菲比·吉尔曼用重复而富有节奏的文字来重述，既温馨又朗朗上口。图画则细腻地描绘出充满浓厚人情味儿的小镇和约瑟的家庭，对人们丰富的表情、家具、物品，都描绘得非常生动、传神。画面下方的老鼠家庭更带来额外的阅读乐趣，是一本让读者处处感到惊奇的经典绘本。

翻开《爷爷一定有办法》的扉页，故事从一块带着闪亮星星的蓝色毯子开始：爷爷为可爱的约瑟做了一个蓝色的奇妙的毯子。约瑟渐渐长大，奇妙的毯子老旧了，妈妈让他把毯子扔了。约瑟说："爷爷一定有办法。"爷爷像个魔术师一样把毯子改成了一件奇妙的衣服。后来衣服又小了，爷爷又把衣服改成奇妙的背心，背心改成奇妙的领带，又把领带改成奇妙的手帕，又把手帕改成一粒纽扣。后来纽扣丢了，约瑟很伤心，只好再来找爷爷，他仍然相信爷爷一定有办法。妈妈告诉约瑟，爷爷也没办法无中生有呀！第二天，约瑟去上学，老师和同学们都像以往一样等待着奇迹的出现，约瑟居然用这些材料写成了一个奇妙的故事。

书中重复而富有节奏的文字朗朗上口。每次约瑟都会说"爷爷一定有办法"，之后就是"爷爷拿起剪刀开始'咯吱咯吱'地剪，再用针飞快地缝进、缝出、缝进、缝出"。这句话在文中出现了5次。更奇妙的是爷爷总是回答说："这块材料还够做……"浅显、精练、反复的语言特点，特别适合幼儿阅读、理解、掌握。和孩子共读这本书的时候，开始跟孩子一起读："爷爷一定有办法。""爷爷拿起剪刀……"然后，引导孩子不用看书，读出第二句、第三句的后半句，"爷爷——""爷爷拿起剪刀开始——再用针飞快地——"最后，到第四、第五句的时候，孩子不用看书，就会高兴地自己说出，"爷爷一定有办法。""爷爷拿起剪刀

杨修宝，黑龙江省教育学院小学语文教研员，黑龙江省教育学院"语文名师工作室"主持人，中国当代语文教学专业委员会常务理事，哈尔滨市"未来教育家"名师培养对象。致力于儿童文学阅读推广十余年，影响了一大批老师。多次应邀到北京、深圳、济南、太原、长春、郑州、许昌等地做公开课、专题讲座。

开始'咯吱咯吱'地剪，再用针飞快地缝进、缝出、缝进、缝出"。再翻读第二遍、第三遍的时候，这5次重复的语句，孩子完全能背诵下来。就要这样和孩子一起读，因为这样读孩子会觉得奇妙有趣！

阅读绘本一定要激发孩子的想象力。每次教学这本书，读到"爷爷说：'这块料子还够做……'"时，我都让孩子们预测，想想这块料子还能做什么？孩子们说得五花八门，千奇百怪，真是奇妙！然后，恰当地教学"有根据地预测"，不但极大地激发了孩子们的想象力，更重要的是，还教会了孩子们阅读和思维的方法。还可以用这样的方法启发孩子们，仿照约瑟的故事，想象编创约瑟小妹妹手里小毯子的故事，更是其乐无穷。

这本书，最奇妙之处是在书的下面还另有一个故事——小老鼠一家的故事。上下两个故事呼应，一本书两个世界。随着爷爷的剪刀"嚓嚓"声，布料掉下来。小老鼠一家有位勤劳的老鼠妈妈，她把掉下的布料全部变成了小老鼠身上的衣服、家里的被子、门帘、窗帘等。故事中还展示了小老鼠一家从两只老鼠到众多小老鼠的温馨场景。细细地看，每只小老鼠的表情动作都是那么的丰富。约瑟最后掉了的纽扣都在老鼠家里出现了！几乎所有读这本书的孩子都特别喜欢看小老鼠一家的故事，书中小老鼠一家的故事没有半点儿文字，全靠自己的眼睛去看，靠自己的脑子去想。孩子每次看完，都能用自己的话把自己看到的、想到的叙述出来，更奇妙的是每次说的竟然还不一样。

经典的绘本从来都不是一次性的读物。这本书一定要让孩子反复阅读，每次阅读都让孩子仔细看每幅图，寻找新的发现。例如，有的孩子会找到其中一幅图，图上妈妈好像腆着大肚子，在接下来的一幅图上就出现了一个宝宝，随着情节的发展，这个宝宝也在慢慢长大，直到最后当约瑟着急地寻找丢失的纽扣时，在画面的次要位置，妹妹踮起脚，一手把自己的洋娃娃送给哥哥，以示安慰，一手却紧紧拽着自己的毯子藏在背后；还有约瑟的朋友们，也总是在约瑟旁边，好奇地看着爷爷又变出什么新东西。像这样的例子还有许多，每次阅读，都有奇妙的发现。

就这样，从《爷爷一定有办法》开始吧，让我们共同开启奇妙的绘本阅读之旅，一起和孩子们享受读书的快乐吧！

美好、善良——孩子的心灵底色

我为什么向孩子们推荐《九色鹿王》

文 / 于志强

二十一世纪出版社

九色鹿王

作者：郑勤砚 主编，魏亚西 编写，秦建敏 图
定价：13.80元

《九色鹿王》的故事情节生动，很吸引人。故事中用优美的语言描述了九色鹿和他的朋友们生活在美丽、祥和的山谷。九色鹿有善良的内心和美丽的外表。这些都会在孩子幼小的心灵中留下美好的记忆。相信读过这个故事的小朋友，一定会非常喜爱这只美丽、善良而又勇敢的神鹿，一定很痛恨那个忘恩负义的耍蛇人。这个故事告诉我们：做人就要讲信用，就要知道感恩。我们要尽量帮助有困难的人，同时对帮助过自己的人也要心存感激。

这个世界上有一个延续时间最长的课题——有人类以来，就一直存在；这个世界上有一个最复杂的课题——自从它存在，就一直没有一个统一的结论；这个世界上有一个参与人数最多的课题——几乎所有人，都是这个课题的成员。这个课题就是教育！

身为一名家长和一名教育研究者，我现在越来越感到教育的难度和复杂，因为教育的对象是一个个鲜活的生命，而教育又必须是一次完成的，永远不可逆的；教育的关节点、关键点又是那么难以把握和处理，往往是等到孩子已经长大，作为家长的我们才如梦方醒，而又为时已晚，只能痛心疾首，悔不当初！

正因如此，当我们面对幼小的孩子的时候，我们就越应该有一种责任感和紧迫感，就越需要谨慎而理智地精心选择给孩子什么样的精神营养。无疑，绘本就是非常契合孩子生理、心理和认知特点的好读物。

当前，很多家长和教育工作者都在积极投身让孩子阅读绘本、给孩子朗读绘本的活动之中。

于志强，哈尔滨市教育研究院小学语文教研员，黑龙江省教育学会小学语文教学专业委员会常务理事，首批省级普通话测试员。曾被评为国家教师科研专项基金"教育科研优秀教师"，中国教育学会小学语文教学研究会系统先进工作者，黑龙江省模范教师，初等教育优秀教研员，义务教育课程改革先进个人，教育学会课题研究先进工作者。

我作为对绘本接触较晚、较少的教研人员，深深感动于诸位同仁的热情，也为孩子能接触到这样优秀的绘本而感到由衷的欣慰。但是，我发现给孩子阅读和朗读的绘本，似乎国外尤其是西方的绘本所占比例较大甚或过大。这里，我绝非一概否认和拒斥国外乃至西方题材的优秀绘本，相反我觉得很多西方题材的优秀绘本，不论从文学、美学价值，还是对孩子的适合程度，都是值得肯定的。我只是有一种隐隐的担忧——如果幼小的孩子过多地接触西方题材的绘本故事，对于孩子今后的民族文化和心理认同，是否或多或少有些影响呢？以中华民族为代表的有着数千年灿烂的东方传统文化，其中优美而富有哲理的神话、寓言、民间传说等，是否也应该得到同等程度的重视呢？

正当我为此而有所担忧的时候，一个偶然的机会，我欣喜地发现了《绘本中华故事·民间传说》，这套书包括《花木兰》《东郭先生和狼》《济公》《聚宝盆》《狼外婆》《崂山道士》《小红鲤跳龙门》《三个小和尚》《葫芦娃》《九色鹿王》十个故事。民间传说源自民间，是人们口耳相传的文学创作。这些富有生命力的故事，慢慢成为中国传统文化的重要组成部分。

绘本中的图画前后呼应，具有连贯性，具有"说"故事的效果。绘本的语言浅显生动，情节引人入胜，与幼儿的理解力和生活经验相适应。内容取材于中华传统民俗故事。一个个主题，将中国传统文化分解成一个个点，通过这些知识点的辐射，来发现"只有中国才有的文化美"，展现了"最耳熟能详的民间故事，原汁原味的中国记忆"。正如这套绘本的编者在序言中所说：

在民间传说中，我们可以读到神话故事的痕迹，或者某个历史人物的传奇，某类世俗生活的缘起，某种人文景观的含义，以及某种与宗教精神的联系。

在民间传说中，我们可以看到过去，了解和体会那些存在于故事中的朴素的情感、质朴的民心、勤劳的智慧，以及看待世界的眼光。

以这套绘本中的《九色鹿王》为例，虽然故事的来源有浓厚的佛教色彩，但是经过长期的历史演进，九色鹿的故事早已本土化了，成为脍炙人口的优秀民间传说。故事前一部分讲九色鹿救耍蛇人，后一部分讲被救的耍蛇人出卖九色鹿。西方有句谚语说：人的一半是天使，一半是魔鬼。这句话在耍蛇人身上得到了验证。耍蛇人见利忘义、背信弃义，当然最后得到了应有的惩罚。故事脉络清晰明了，九色鹿和被救的耍蛇人形象鲜明。孩子在阅读故事时，能很容易地理清头绪，懂得故事要说明的道理：知恩图报。

记得有人说：童年的心是最容易被故事打动的。因为这最纯真、最柔软的心房，总是装满了最原始本真的关于周遭世界的温暖印象和美好记忆。那么，就让我们用那些善良、美好的绘本故事，借助声音的再创造，为我们的孩子留下一个永远值得记忆和回味的美好童年吧！

你一定是被需要的

读《苏菲的杰作——一只蜘蛛的故事》随笔

文 / 袁芳

河北教育出版社

苏菲的杰作——一只蜘蛛的故事

作者：［美］艾琳·斯安内利 文，［美］简·戴尔 图，柯倩华 译
定价：29.80元

这是一本励志并满含温情的绘本，还有些许的悲伤，适合年龄稍大一些的孩子来读，家长可以进行适当引导。蜘蛛并不是人见人爱，但苏菲却是个一心要独立、热心肠、热爱生活的小蜘蛛。然而，她的满腔激情被一点一点地打击，房东太太、厨师、船长都对她的出现表示反感，她以为她不受欢迎，她以为她的作品不被需要。但是到最后一刻，当她用尽全力送给初生的小婴儿最美、最温暖的礼物时，她明白，她的杰作是被需要的。被需要是一种幸福，苏菲在生命的最后时刻，使自己的生命价值得到体现。我们也要告诉孩子，每一个人的存在都是被需要的。

有人说，这是一个悲伤的故事。其实不尽其然，任何一个物种，都有生命存在的周期，这是自然规律。文中虽然没有直言不讳，但是苏菲在生命尽头织就的杰作已然在孩子们纯洁、善良的心里泛起了涟漪。

朋友家5岁的小儿子，第一次听完这个故事，仰着头问妈妈："为什么苏菲要织那条毯子？如果不织，是不是就不会死呢？"满脸的小悲伤，面颊上还有两颗晶莹的泪珠。

"值得吗？"我问上四年级的儿子。他说："我觉得值得，因为苏菲织出了自己的杰作，这杰作是初生的小婴儿最最需要的被子。小婴儿的妈妈一定会记住苏菲的。"四年级的孩子懵懂而稍显理性，仿佛这是一道题。

每一个人都愿意被需要。家里的老奶奶颤颤巍巍的，也要亲手去炒鸡蛋，看着孙子吃得香甜，她比自己吃还要满足；单位已经退休的老院长，返聘到我们部门，快80岁的人，准时上

袁芳，黑龙江科技大学教师，副研究员。从事高等教育研究与教学质量评估工作。曾荣获黑龙江科技大学"模范工作者""三八红旗手""'三育人'先进个人""教学管理先进个人"等荣誉称号。在教学管理、教学评估岗位工作多年。发表多篇高等教育管理、教学质量评估等方向的论文，并主持黑龙江省教育科学规划课题。

下班，干劲儿十足，恨不能将毕生所学奉献给学校；"大一"的学生，我安排他们去完成一项工作时，眼里的欣喜和自信不经意流露出来；又想起儿子小时候说："妈妈，你让我帮你做点儿什么吧！"我在他的期盼中，郑重其事地把一件不起眼的小事交给他时，他雀跃着一边做一边问我："妈妈，我是不是比狗强？"

其实，我们周围的很多人就是苏菲。读完这个绘本，我惊讶地发现，这不仅仅是一本儿童读物，也远远没有画面上的寥寥数笔那么简单。在成人的世界里，被需要是一种价值，而在孩子的眼睛里，被需要就是充满自信地去做一件能够给别人带来快乐和帮助的事。

我的孩子二年级之前，内心一直都是很自卑的。他觉得自己学习不好，不如这个孩子跑得快，不如那个孩子唱歌好听。甚至到后来，在我的面前都不肯开口唱歌。可是有一天，我忽然发现他对长笛很热衷，每天主动练习不说，渐渐地竟能吹出悦耳的曲调来。有一次，我提前去接他，透过教室的门玻璃，我看到他在指导另一个同学吹长笛，一会点点头，一会又教指法。教学结束后，他到讲台前，长笛老师拿给他一朵小红花，他开心地跑到红花墙前，把自己的小红花小心翼翼地贴了上去。我恍然大悟，原来，他是老师的小"助教"！从默默无闻靠边站的胆小的孩子，到给老师帮忙的小"助教"，老师给了他自信和信任，他成为被老师和同学们需要的人。他被需要，这才是他最大的收获。

由此我想到苏菲，那只小蜘蛛，也许她织的窗帘，房东太太不喜欢；她织的蓝色衬衫吓坏了船长；她想给厨师织双鞋，却还没来得及，就被赶走。可是你见过她放弃吗？最终她还是织就了自己的杰作，并且成为别人最需要的。这就是这本绘本要告诉我们的道理，也是我和儿子读这本绘本最大的收获。

写到这儿，意犹未尽。每一个孩子都是独一无二的天使，别着急，慢慢等待，等待需要你的那个机会，等待需要你的那一瞬间。让孩子大胆地去做，别束缚孩子，更别担心。孩子远比我们想象的更强大，告诉自己也告诉孩子：你一定是被需要的！

从绘本中挖掘写作素材

我为什么向孩子们推荐《十二生肖传说》

文 / 赵家财

湖北长江出版集团
湖北少年儿童出版社

十二生肖传说

作者：［澳］加布里尔·王 文，［澳］萨丽·里平、雷晶·阿布斯 图，任溶溶 译
定价：26.00元

中国的十二生肖，是千年的文化与历史的积淀，是中华民族智慧的结晶，更是中华民族文化屹立于世界文化之林的独特标志。然而，生肖文化流传在民间的许多故事及其文化内涵正逐渐地被人们淡忘。中国传统文化中的十二生肖从哪里得来？加布里尔·王编著的《十二生肖传说》将以一种特殊的方式为孩子们解答这个问题。 他把中国古代传说重新演绎，呈现全新的生命活力。古老的传说，不朽的经典，传达出永恒的智慧与哲理。

中国传统文化中的十二生肖从哪里得来？加布里尔·王在中华民族家喻户晓的民间传说故事的基础上，凭借着神奇的想象力，编著了绘本《十二生肖传说》，以一种特殊的方式为孩子们解答这个问题。

据说当年玉帝举办了一场动物渡河大赛——只要进入前12名的动物就可以得到一份特殊的奖励，那就是用自己的名字来命名某一年。在这个巨大的诱惑下，许多动物加入这场比赛。老虎、兔子和牛首先跳进水中，老鼠和猫则趴在老牛的背上……快到终点时，老鼠趁机把猫推到了河中。老牛上岸的时候，狡猾的老鼠当先跳下来，跃过了终点线。老鼠获得了第一名。可怜的猫终于爬上了岸，比赛早就结束了。因为这件事情，猫直到今天还恨透了老鼠！

当我阅读了绘本《十二生肖传说》后，眼前不由自主地又浮现出于永正教师的作文教学"歇后语编故事"一课。那节课让我眼前一亮，于老师充分挖掘传统文化——歇后语的价值与内涵，以他独特的视角、纯真的童心、风趣的语言、独具匠心的设计，巧妙地把"歇后语"与"编故事"连在一起。经过他智慧的点拨和惟妙惟肖的表演，使孩子们的情趣高涨、想象力丰富，并以幽默风趣的语言，编出了一个个生动有趣的故事。这让我真切地感受到于老师为作文教学引进了源头活水，丰厚了学生的写作素材。

于是，一个大胆的想法孕育而生，我也要从传统文化中汲取营养，从民间故事中挖掘写作的素材，让学生根据绘本《十二生肖传说》创造出一个故事新编。

阅读课上，当我说要给大家读《十二生肖传说》的故事时，许多同学都露出了不屑一顾的表情。更有一些调皮的孩子说，这个故事他在幼儿园时就听过。还有的高高地举起手臂，要为大家讲这个故事。我做了个暂停的手势，示意大家安静下来。我接着说，今天读的绘本故事，是一位外国人在我国民间传说故事的基础上改编成的。这时学生安静下来，洗耳恭听。我把这个故事声情并茂地读给学生们听，教室里悄然无声，看着学生们那专注的神情，我已感受到学生们已经沉浸于故事的有趣的情节中。读罢，我又让学生说一说我国的民间故事《十二生肖传说》和绘本《十二生肖传说》在内容上有什么相同和不同之处。一石激起千层浪，学生们滔滔不绝地说了起来……交流中，我感受到了学生对加布里尔·王对中国传统文化的了解和超乎寻常的想象力，产生了由衷地赞叹。

接下来，我让学生插上想象的翅膀，新编《十二生肖传说》。学生们兴趣盎然地投入创作中。他们时而凝神静思，时而奋笔疾书，时而双眉紧锁。短暂的一节课很快结束了，然而一个个生动具体、妙趣横生的故事却诞生了。

绘本《十二生肖传说》的故事，以及许多我国古老的神话和传说故事，是一些最美丽和最富有中国传统文化元素的故事。让它们以现代绘本的形式华丽转身，就像把一盏盏经典的故事神灯重新擦亮，让它们闪烁出新的光芒，以新的形式弘扬中华文化精粹，为学生精神成长打下了传统文化的根基。

《小学语文新课程标准》在对写作教学的具体实施建议中写道："在写作教学中，激发学生展开想象和幻想，鼓励写想象中的事物。""为学生的自主写作提供有利条件和广阔空间，减少对学生写作的束缚，鼓励自由表达和有创意的表达。"因此，在小学不同年级的写作教

赵家财，哈尔滨市桥南小学校教师。中国当代语文教学专业委员会理事，哈尔滨市小学语文兼职教研员，哈尔滨市小学语文学科带头人。曾被评为"黑龙江省优秀教师""黑龙江省小学语文最佳教师""南岗区十大名师"。出版个人专著《教海泛舟》，独创的"写字十八法"被广泛使用。哈尔滨市教育研究院曾专门召开"赵家财教学风格研讨会"。

学过程中，依据小学生的年龄及心智发展特点，应着重培养小学生对写作的兴趣，帮助他们建立写作自信，让写作成为学生学习过程中的一件快乐的事。

绘本是以简练生动的语言和精致优美的绘图紧密搭配而构成的儿童读物。在小学生写作能力培养的过程中，只要教师做个有心人，明确写作训练目的，根据学生学习情况和心智发展阶段的特征，选择适合的绘本内容，适当运用其潜在素材，并进行积极指导，采取画写、补白、续编、猜写、仿写等多种绘本写作的训练形式，让学生敢于写，乐于写，善于写，就更能够让绘本发挥实效，从而成为提高小学生写作能力的有效途径。

发现绘本中的 "特异功能"

我为什么向孩子们推荐《蚯蚓的日记》

文 / 赵莹莹

文／[美]朵琳·克罗宁　图／[美]哈利·布里斯　译／陈宏淑

明天出版社

蚯蚓的日记

作者：［美］朵琳·克罗宁 文，［美］哈利·布里斯 图，陈宏淑 译
定价：32.80元

《蚯蚓的日记》是一本充满童趣的绘本故事。小蚯蚓跃然纸上，就像一个孩子在诉说自己的小秘密。日记里能够表达和记录自己的心情，小小的蚯蚓，有大大的情怀，有对周围环境和自我价值的思考。同时，还传达了生物界的多元内容。

色彩斑斓的画面形象，像一个小男孩儿在诉说自己内心的小秘密……让人忍不住想看看，里面都记录了什么？

绘本以日记的形式出现，层次分明，按照日期的先后顺序贯穿。开篇就说"妈妈告诉我三件事"。然后明确地表达出这三件事是什么：第一个层面让孩子们了解，地球与蚯蚓的关系；第二个层面是他与好朋友蜘蛛发生的有趣互动；第三个层面是和孩子们玩跳房子，写小蚯蚓与人之间的关联。绘本从世界观、人生观到价值观，无一不体现了孩子对自我的认知，明白小我和大我的联系。在这个充满童趣的绘本中，有友情、亲情和对未来的思考。

其实孩子们如果习惯于记录，记日记就会像呼吸一样自然。很多孩子会对记日记感到头痛，怎么记，记什么，这也正是我为什么推荐这本绘本的理由。小蚯蚓用生动有趣的故事情节和心情描述告诉大家，其实记日记很简单。

《蚯蚓的日记》让小蚯蚓的每一天都过得充实并且愉快。绘本给孩子们积极而向上的认知，暗示了人与自然的和谐共处。作为观察记录的一种，小蚯蚓说了自己最不喜欢的三件事，这会很自然地让孩子们想到，他们最不喜欢的事，从而鼓励孩子们善于总结和思考。绘本中

赵莹莹，哈尔滨市幼儿师范附属幼儿园教师。小学高级教师。国家教育行政学院全国学前教育管理者高级研修班第一期毕业学员。2007年取得全国编辑记者播音员主持人考试合格证，黑龙江省第一期学前教育三年行动计划工作领导小组成员，曾参与黑龙江省学前教育三年行动计划编制、黑龙江省学前教育立法调研、哈尔滨市学前教育立法等相关工作。主张鼓励孩子在悦读中阅读，从而乐读；通过多种体验式绘本活动让幼儿自由、自主、自然成长。

"不吃作业本"，让孩子们学会爱惜书本，教会孩子们良好的学习习惯，以及遇到事情要想好解决的策略。我选择这本绘本的理由，是源于它贴近孩子的生活，是用孩子的口吻实施的隐形教育。

如果说读书会提升一个人的生活品质，那么《蚯蚓的日记》这本绘本就像一把神奇的钥匙，让孩子们对记录生活产生浓厚的兴趣，一个能够感受生活和记录生活的人，一定会让生活绽放出别样的光彩。

种树的男人读《植树的男人》

文　/　周其星

21世纪出版社

植树的男人

作者：让·乔诺 文，弗瑞德里克·拜克 图，武娟 译，崔维燕 校译
定价：39.80元

《植树的男人》是根据法国著名作家让·乔诺的短篇小说创作的绘本，目前一共有三个版本，画家不同，画风不一样，但内容不变，对读者心的触动不变。一个男人，在普罗旺斯高原上心无旁骛地种树三十多年，将一片荒原变成郁郁葱葱的森林，这样的神迹令人惊讶，更令人感动。这本书带给很多人前行的勇气和力量，让每个读者，以更强的信心和毅力，去走好脚下的路。因为，今天播下的一粒粒种子，在不久的将来，会变成希望的林子。这本书，适合小学中年级以上的孩子，以及每一个希望未来更美好的人阅读。

你总是说自己是"种树的男人"，你要在更多的童年种下阅读的种子，将来的某一天，它们将会长成郁郁葱葱的森林。

你会选择在那些明亮的日子里，给孩子读让·乔诺的这本《植树的男人》。

孩子们很稀奇，因为他们知道你的QQ签名就是"做种树的男人"。他们还不太懂得你的意思，不过没关系，听完这个故事，你相信他们有人会懂的。

故事很长，嗓子很疼，但是看到他们很专注地听，你还是很开心。尤其是几个女孩子，从自己的座位上跑过来，就坐在讲台旁边，那么渴望接近你，接近这个新鲜的故事，让你很感动。

这次读，你显得有些功利，不再像以往那样随意而朴素。你读得很慢，在读的同时将故事里提到的一些生僻的词——板书出来。你是想，如果囫囵读过去，孩子也就一知半解似懂非懂

周其星，深圳市实验学校小学语文教师，知名儿童阅读推广人，"三叶草故事家族"创始人。2012年度推动读书十大人物，著有《彩色的阅读教室》一书，深得广大教师及家长的欢迎。

地忽略过去了，这些词语就不能在他们的记忆里留下任何的痕迹；这些词语所依附的思想和情感也就轻易地被掠过。这样，孩子记得的，只剩下一个瘦骨嶙峋的架子，很多的血肉，很多的汁液也就不知不觉地淡化了，烟消云散了，多可惜呀。为什么很多孩子在大量阅读后还不会运用，不善于理解？这是因为他们的阅读兴趣点都在追逐故事情节，而忽略了词语本身了。

为了帮助他们积累一些词语，也为了帮助他们留下更深刻的痕迹，你这样慢慢地读，适当地板书一些词语，应该是一个有意义的尝试吧！

孩子们没有你想象中的不耐烦，他们没有计较你读得那么慢。事实上，这个故事你读了整整一节课！对于一个故事来说，这样读确实够慢的。可是，只要孩子们能接受，又有什么关系呢？

你注意到，每当板书一个词时，都会有孩子紧紧地盯着，似乎要从里面揣测出什么来，又像是要从里面挖掘出一些含义来。故事在向前讲述，孩子们比以往更容易读懂故事的内涵，而你也因这样缓慢而坚实的阅读，咀嚼出更多的滋味。那是你先前的阅读所无暇顾及也根本没有深思过的东西——阅读的胜景总是盛开在慢读的路上。例如，烧炭工人在故事里的意味，这片荒原怎么说都是他们烧掉的吧；这片高地的荒凉，不仅仅是环境的荒芜，更有那里的人们自杀已成传染，精神失常屡见不鲜，死亡的气息随时笼罩着这片曾经生机勃勃的高地。这才是真正的荒原啊！在这样的背景下，布菲的工作意义多么大，他所创造的奇迹多么伟大。发自内心的折服从你心底升起——这才是真正的品行出众啊！

讲述结束以后，孩子们想到了那只快乐鸟（绘本《快乐鸟的许诺》），是她把荒凉的大山变得一片葱茏。你告诉他们那是爱与坚持的力量；布菲把荒原变成鸟语花香的森林，这是心无旁骛的无私奉献。你为他们推荐并购买一本本童话书，就是想让你们这里的阅读高原蔚然成林。当你问他们哪些孩子喜欢读书时，班上站起来很多的"小树"，他们伸展着自己的胳膊，好像已经成长为一株枝叶繁茂的大树呢。你骄傲地宣布了很多孩子的名字，你说"这就是我种下的桦树、橡树、山毛榉树"！

这样的日子，过得很快，就像布菲在高原上专心种树，往往忘记了时间的流逝，只有树一直在生长。你的世界里，逐渐多了很多像你一样的种树人，你所经过的地方，总能看到生命的绿色，文学的光芒。

人这一辈子，不要太贪心。其实，能做的事并不多，想想荒原上的布菲，三十多年的时光，只是日复一日地种树，却也能像造物主一样的神奇。那就踏踏实实地安心种树吧，你播下阅读的种子，你身边已经长出了小树林。

陪着你看世界

我为什么向孩子们推荐《月下看猫头鹰》

文 / 周欣华

明天出版社

月下看猫头鹰

作者：[美]珍·尤伦 文，[美]约翰·秀能 图，林良 译
定价：32.80元

这是一本纯净无瑕，美得令人窒息的体验绘本。描写了雪夜中父亲和小女孩儿在梦一般的静谧中，去森林拜访猫头鹰的故事。作者在文字中对一位父亲的那种舐犊之情着墨不多，但画家却透过一幅幅画面将这种爱女之情形象地传递了出来。这个令人回忆的故事告诉孩子们要勇敢、坚持、心怀希望；也感染着父母们，陪伴孩子一同成长。

《月下看猫头鹰》是个十分具有吸引力的名字，带着这份期待我翻开了绘本。虽然故事发生在深夜，但画面用大片的留白来表现月光和月光照耀下的雪地，勾勒出一幅冷而亮的冬夜的绝美的景象。小女孩儿的形象被描绘得活灵活现，一次次奔跑、东张西望，以及惊恐的肢体动作，传神地勾画出了她内心的惊奇与不安。最后把父亲对女儿浓浓的爱，定格在父亲抱着小女孩儿的温暖感人的背影上。

在每周一次的"美文分享"中，我和孩子们共同感受了这个故事。在读完最后一句话后，我和孩子们不由得都长长吁了一口气，仿佛也陪着小女孩儿走完了这次惊心动魄的冒险历程。从期待、不安、紧张到喜悦，我们似乎都感同身受。二年级的一个孩子沉默了一会儿，举起小手说："老师，这个小女孩儿真勇敢，在夜里走那么远的路都不害怕，我也能像她一样？"我笑着抚摸着她的头发，说："当然，因为小女孩儿的心中有希望，希望长着翅膀的天使，会一直陪着她，战胜所有的困难，向着梦想一直勇敢地飞。"带着满足的笑意，孩子甜甜地点点头。"我也梦想能亲眼见一次猫头鹰"，"我梦想着能去一次月球"，……孩子们七嘴八舌地谈论起自己的梦想。我相信在他们的心里，一定都有一只炫目的猫头鹰，在不断地盘旋着，带着他们一直向远方飞奔而去。

周欣华，哈尔滨市继红小学校教师。小学高级教师。哈尔滨市语文学科带头人，哈尔滨市骨干教师。曾荣获"黑龙江省师德先进个人""黑龙江省课改先进个人""哈尔滨市优秀班主任标兵""哈尔滨市优秀班主任""哈尔滨市优秀教师""哈尔滨市转化后进生先进个人""哈尔滨市职业道德先进个人"等荣誉称号。

通往梦想之门的路上要勇敢、要坚毅，更要坦然面对困难与挫折。书中"隔不多久，我就得奔跑几步，才能跟得上爸爸。我那又短又圆的影子，也跟着我跌跌撞撞"。父亲并未因此而慢下脚步，这便是一种磨炼，教会孩子必须学会奔跑和追赶而不是等待。

看猫头鹰的夜晚，爸爸与女儿多是一前一后在雪地里踯躅前行，女儿的身影显得那么娇小。爸爸并没有一路嘘寒问暖，而是一副"跟着走吧"的随意。而正是这种态度，给了女儿极大的鼓舞，这是信任的力量。

父女间少有的几次牵手，分别是女儿呼唤猫头鹰失败而失望时，猫头鹰忽然出现飞过头顶女儿感到害怕时。在女儿需要爸爸的时候，爸爸的大手就出现了。爸爸并没有一味地放手，爸爸的目光一直关注着孩子，随时给予支持。最后，夜探猫头鹰结束了，爸爸抱起兴奋之后疲惫不堪的女儿回家。远处家里的灯亮着，这是温暖的力量。

在班级微信平台"爸爸妈妈讲故事"的分享中，班里一位孩子的爸爸的文字感动了我：晚上父子俩躺在暖暖的被窝里一起读《月下看猫头鹰》，看到父亲抱着女儿向家的方向走去时，儿子突然一把抱住我说："爸爸，我爱你！"我一惊，心头涌起一股暖意，摸着他的头："小壮，什么情况？""我觉得你和故事里的爸爸一样伟大！刚学骑车时，我不敢骑，就是你一直在陪着我，要我勇敢，要我坚强；我学国际象棋，你就是我的朋友和对手，爸爸，没有你，我都不知道能不能坚持下来。"儿子这几句话，瞬间融化了我，眼睛竟湿润了。我抱紧了他："小壮，记住，像故事里说的，只要心中有希望，就要坚持下去，困难挫折不要怕，因为你有爸爸，爸爸会一直陪着你！"看着儿子沉沉入睡，我竟难以入眠。是啊，对孩子来说，能够感受的印象最深刻的是父爱母爱，是陪伴，不是大餐、玩具，而爸爸带给他的，就是"不需要说话，不需要温暖舒适，只要静静地陪伴"。感谢这本暖暖的绘本，让我们父子俩走进彼此的世界……

清晰的文字渐渐模糊，是感染、是感动。最好的教育是陪伴，陪着孩子笑，陪着孩子哭，陪着孩子一起慢慢变老，这也是为人父母最幸福的事。更震撼我的是，7岁的孩子用自己最淳朴的一个拥抱，感受着爱、理解着爱、传递着爱。

阅读一本好书，能让一个安静的人内心狂热起来。《月下看猫头鹰》就是这样一本书。整本书里没有出现一个爱字，但是满篇无一不在述说着一位父亲对女儿的爱。父爱如山，教会我们勇敢坚强。如果有一天，我们不能面对面地给你勇敢和坚强，孩子请你打开这本书，我们要给予你的，全在这本书里。"看猫头鹰，一定要安静，一定要勇敢，一定要坚强，哪怕一时看不见，也不难过，心怀希望，继续前进，继续等待"。

爱是一个长久的诺言

我为什么向孩子们推荐《爱心树》

文 / 朱 政

南海出版社

爱心树

作者：［美］谢尔·希尔弗斯坦 文/图，傅惟慈 译
定价：25.00元

《爱心树》这本书是世界绘本的经典作品之一，出版30年来，一直是绘本界的典范，经久不衰，魅力无穷！《爱心树》的英文原名叫《The Giving Tree》，直译的意思：一棵不断给予的树。Once there was a tree … and she loved a little boy.（从前，有一棵大树……她深爱着一个小男孩儿。）我想，只有英文原版才能更准确地传递出故事那淡淡的却又深邃的寓意。一棵有求必应的苹果树和一个贪求不厌的孩子，共同构成了温馨而又略带哀伤的动人故事。这本充满爱的绘本非常适合亲子共读。

这个绘本故事我在网上曾经看过介绍，后来在一家绘本馆读过一次。当时，打开书之前还以为是一本彩色的绘本书，可打开后却是黑图文白底的。开始读的时候我感觉很单调，很快就读完了。但是，读到最后，瞬间就被感动了，眼泪也不知什么时候开始在眼圈里打转。无数曾经的过往一股脑地浮现在眼前，无暇一一回味，于是便买了回来。路上，脑子里过电影般再现这本黑白绘本，没有了最初单调的感觉，反倒有了一种很强烈的对比感。

一本图画和文字都非常简洁的绘本，黑黑白白的很单调，但当你慢慢细读时，你会觉得像一首童谣在娓娓道出作者的心里话，又仿佛姐姐在讲述一个身边的故事，从小时候讲到你老去的那一天。从无到有，从有到无，令人动容的寓言，温馨中含着丝丝的哀伤。每一个读《爱心树》的孩子或大人都会被打动，因为它讲述了一种深沉的爱，是无私的给予和奉献。它使我们重新思考自己与父母、与孩子、与朋友、与世界的关系。

在这个故事里，小男孩儿是大树的玩伴，他爬树、摘树叶、吃苹果，在树荫下乘凉，在树干上荡秋千。男孩儿很开心，大树也很开心。可是，男孩儿渐渐长大，他有了自己的朋友，不再与大树一起玩耍。男孩儿长大后，希望获得金钱，大树便把苹果给了他；男孩儿需要建立家庭，大树给他树枝造房；男孩儿对生活不满意，希望出去远航，大树给他树干造船。许多年过去后，男孩儿已经变成垂暮的老人，疲倦地回到大树的身边。大树已经没有什么可以给他的了，只是让男孩儿坐在树墩上，好好儿休息……

我请10岁的外甥女一起来读这本奇妙的书，她的反应是这本书有太多太多的内涵，多的有些她读不太懂。

故事读到最后，她突然哭了起来，我有点儿不知所措，因为这是我事先没有预料到的。或许小家伙在想大树为什么最后变成老树墩了，这是她不愿看到的结果。她无法接受，所以就哭了。

或许她心里有点儿不喜欢那个男孩儿——那个男孩儿为什么非得把一棵树变成树墩。

这一切都是我的猜测，问她是怎么想的，她不说，只是在哭。我说，大树把苹果、树枝、树干都给了男孩儿，他很快乐呀。不管我说什么，她一直在哭。我不知道是不是该责备自己。

她是个情感丰富的孩子，她现在还小，还不能理解大树对男孩儿这种无私的只管给予不求回报的爱，就像母爱一样伟大。

又过了几天，我和她再一次聊起来这个故事，她说，她不理解大树为什么对男孩儿这么好，男孩儿为什么老是不高兴。不理解大树什么都不需要，大树自己什么都没有了，连最后剩下的树墩也会挺直身子让男孩儿坐下来休息。

如果我是这个小男孩儿，我会怎样做呢？

苹果树无私地奉献出了自己的一切，就像爸爸妈妈无比宠爱自己的孩子一样。可是小男孩儿老是依靠这棵苹果树，只是索取而不知回报。

朱政，哈尔滨市兴华小学校副校长。黑龙江省教育学会
外语专业委员会理事，哈尔滨市小学英语兼职教研员，
哈尔滨市小学英语骨干教师，哈尔滨市小学英语学科带
头人。曾获"全国第三届小学英语教学观摩研讨会一等
奖""CCTV英语风采大赛教师组全国总决赛二等奖""全
国小学英语教师技能大赛一等奖"及全国"十佳"小学外
语教师和"全国中小学外语教师教学能手"称号。

我喜欢大树，因为他很大方，不停地帮助小男孩儿，都快死了，见到男孩儿还那么高兴，还挺直了让男孩儿坐；我不喜欢小男孩儿，因为他很自私，只会在需要大树的时候在他身边，不需要的时候，就不来看看他，等到男孩儿老了，回到大树身边时，还是不知道爱大树，又坐在大树的身上，我一点儿也不喜欢他。

爸爸妈妈们可以在孩子生日的时候，郑重地送给他（她）这本绘本，让他（她）用成长的经历，用"心"来读懂这本书；我还要送给自己的父母一本，我要告诉他们，自己早就读懂了这份爱心，只是从来没有用合适的方式来表达。

我在想：我是那棵有求必应的苹果树，还是那个一味索取的孩子，或者两者都是……

我突然明白了，这正是作者谢尔的高明之处！阅读的理解需要人生体验作基础。只有为人父母以后，才能更加理解父母对自己的那份爱心，才能更加理解"给予"二字的崇高含义。谢尔的作品虽然简洁平实，但给人留下了广阔的想象空间；虽然有些许伤感，但却把心底点点缺憾填满。

爱有多深，人生就有多实，心中有多少爱，人生就有多完美。让我们记住这位撼动人们心灵之树的大师——谢尔·希尔弗斯坦。

Goodparents

好爸妈

生命教育在海洋绘本中呈现

我为什么向孩子们推荐《小海豹的12天》

文 / 保冬妮

大连出版社

小海豹的12天

作者：保冬妮 文，卢瑞娜 图
定价：14.80元

绘本《小海豹的12天》，是风雪交加的12天，也是小海豹迅猛长大的12天。正因为处在严酷的自然环境中，小海豹的成长是加速度的。这让我想起中国的一句俗语：穷人的孩子早当家。那些在恶劣环境与贫困境地中长大的孩子们，往往更具有生存的本领和活着的勇气。

自1968年美国学者出版了《生命教育》一书之后，世界各地的教育家纷纷关注生命发展、生命健康与生命意义的教育。然而，我们中国没有一本关于生命教育的绘本，于是我和画家卢瑞娜以及绘本设计师用了4年时间，为大家创作了12册"保冬妮绘本海洋馆"，关注生命教育。

那么，生命教育到底指的是什么呢？生命教育，即直面生命和生死问题的教育。生命教育使人们学会尊重生命、理解生命的意义，追问生命与天、人、物、我之间的关系，学会积极生存、健康生活与独立发展，并通过彼此间对生命的呵护、记录、感恩和分享，获得身心的和谐、事业的成功、生活的幸福，从而实现自我生命的最大价值。

带给孩子的生命教育以绘本的形式呈现，能让孩子了解生命、尊重生命、健康成长、实现自我。"海洋馆"绘本的第一季出版后，受到千万家庭、孩子以及老师们的欢迎和喜爱。孩子们不仅被浩瀚海洋里那些鲜活的生命的顽强所激励，而且开始感恩父母。孩子们从动物的生命里看到了自己生命的可贵和唯一，学会了珍惜生命、珍惜时光、珍惜亲情；孩子们理解了今生我们是如何而来，又该如何而生。

生命并非指活着。对于人而言，仅仅有呼吸的生命体不能称为生命。因为生命的构成是生理（自

保冬妮，中国作家协会会员，儿童文学作家，心理咨询师。已在海内外出版70余部、300余万字的作品。其著作曾获"中国作家协会第四届全国优秀儿童文学奖""第五届国家优秀少儿图书""冰心文学新作奖""冰心图书奖"等奖项。现为全国妇联《超级宝宝》杂志主编、编审。

然属性）、心理（社会属性）和灵性（精神属性）三者的合而为一，缺一不可。这三方面的构成造就了人类的高贵属性，区别于其他动物，成了地球的主宰。在"海洋馆"绘本的第二季中，我继续为孩子们展现了充满灵性和生命感悟的海洋童话故事。不同的是，在展现动物的自然属性和社会属性的同时，我赋予童话故事更多的精神属性，从而显示出生命教育的丰富性和完整性。

《小海豹的12天》，是风雪交加的12天，也是小海豹迅猛长大的12天。正因为处在严酷的自然环境中，小海豹的成长是加速度的。这让我想起中国的一句俗话：穷人的孩子早当家。那些在恶劣环境与贫困境地中长大的孩子们，往往更具有生存的本领和活着的勇气。生命对于他们来说，充满了顽强与拼搏，就像小海豹，每一天都在学习活下去的本领，学不会、学不好，就等于死亡。其实，人的成长也是一样的。成长的过程就是学习生存的过程，只是很多父母过于溺爱孩子而忘记教给孩子活下去的根本的东西，于是不会生存的孩子比比皆是。

有个小读者叫兜兜，他的妈妈曾写来这样一段真情感悟：我和孩子一起看《小海豹的12天》，我也是第一次知道小海豹必须在短短的12天内学会所有的生存本领，独立生活。在讲到小海豹和海豹妈妈即将分离，要勇敢地独立生活时，兜兜一脸难过和不解地问："为什么小海豹要离开妈妈，妈妈不要他了吗？""不，是因为他长大了，要离开妈妈的怀抱，去过自己独立的生活。"兜兜蹭着我的胳膊说："妈妈，我不想离开你。"

孩子的世界和海洋一样纯净深邃。他们天生有一颗爱心，我们所能做的只有竭尽全力维护这一片纯净。像所有海洋动物一样，总有一天孩子们会离开我们的怀抱，独立生活。在此之前，我们也应像海豹妈妈那样，必须教会孩子所有的生存本领和技巧。所有的动物都是相通的，爱也一样，成长必然需要脱离最初的怀抱。也许有一天母爱会退到孩子心里最最靠后的角落，但是你们永远都站在我的世界的正中央。

这样的感怀也正是我们出版时希望达到的愿望。在这套"海洋馆"绘本中，你看到不同生命成长中同样的乐观与豁达了吗？看到寻找与面对的释然了吗？愿孩子们在他们的生命写照中，寻找自我生存的意义，找到生命的光焰。

鸭子骑车记——梦想的种子

文 / 程珊珊

南海出版公司

鸭子骑车记

作者：［美］大卫·夏农 文/图，彭懿 译
定价：29.80元

翻开书，体会鸭子骑车从不熟练到越骑越好，这和小朋友在生活中遇到的有挑战的事情一样，孩子们常常会说"这太难了，我不会"。 妈妈和老师的工作就是用爱和智慧化解孩子遇到的难题，阅读无疑是一个好用的法宝。《鸭子骑车记》这本书中自信乐观的鸭子会在每个大人和孩子心里种下敢于尝试的种子。

选朗读的书时，我在书架前徘徊，最后我毅然选择了这本《鸭子骑车记》，原因我只能说是那一刻的机缘。如果你是个孩子或你有一颗童心，真的会一下子被这本书深深吸引。每当选书或做决定时，我都会想要开启这个模式，就是抛弃大人的想法，如哪个好读，哪个经典，我用最简单原始的念头去做决定。每当看到很多孩子做什么都要问一下妈妈，问一下老师时，真希望孩子们都能像这本书里的鸭子一样任性地坚持自己。 这也是本书容易引起孩子共鸣，并能深深打动我的原因之一吧！

这本书的图画是最吸引我的， 画面中大角度的倾斜构图在视觉上大大加强了"骑车"的感觉。读者翻开书，就在一张张精彩画面前流连，仿佛和鸭子一起骑在自行车上"左摇右晃"，从最初的不熟练到骑得越来越好。读者都能从绘者对画面角度和速度感的用心设计中得到切实的体验。

鸭子兴奋得一边练习，一边去和各种动物打招呼，这种心情和小孩子学骑自行车的心情是一样的啊！出现的一个个形象也都被刻画得形神并茂，从鸭子的兴奋和专注动物们的各种态度与反应来看，小朋友们在自己的生活中，做一些有挑战的事情时也会遇到这种反应。所以每当说到一个人物及其观点时，小朋友们都竖着耳朵在听——听鸭子是如何应对的。

程珊珊，2010年毕业于哈尔滨师范大学油画系。一直从事"少儿绘画心理成长"课程的教学研究工作，多次参加全国少儿绘画心理研讨会。2013年建立"橙画室"——少儿美术工作室。

全文画稿的用色大胆明快，鲜艳明亮的颜色使人感觉充满希望。明亮的天空中的那一抹蓝，真的是每每回忆起这本书都会飘进脑海。文字更是生动活泼，全文没有冗余的文字，都是孩子最最爱听的拟声词和人物对话。每个动物的语言都简单明了，并且把每个动物的性格特点，行为习惯表现得栩栩如生。如母牛的不屑、狗的兴奋、猫的慵懒、马的鄙夷、受惊的母鸡、胆小的老鼠，鸭子兴奋地去和每一个动物以不同的态度对话。但是无论是什么态度都没有影响他专注的练习，所以"车技"当然大有长进。

有的时候孩子会说："这太难了，我不会。"相信这句话每个妈妈和老师都耳熟吧，而妈妈和老师的工作就是用爱和智慧化解孩子遇到的一个个难题。这可能是一只怎么也穿不上的袜子，可能是一道怎么也做不出的题……阅读无疑是一个好用的"法宝"。一个个故事里饱含着情感和哲理，孩子们的智慧和态度会在阅读中渐渐形成并随着时间的推移越发的耀眼。相信《鸭子骑车记》这本书中那只自信乐观的鸭子会在每个孩子心里埋下敢于尝试的种子。面对想做的事情，试一次，会怎样。练几次，会怎样。一直练，会怎样。我想这种子，在孩子小时候能解决穿不上袜子、练不好曲子的问题，但它真正起作用是需要等待的。

在人生的马拉松中，这样的积累不会没有价值。一个故事，一粒种子。亲子阅读的习惯一旦建立是无须花气力坚持的，因为那将成为大人和孩子汲取能量的源泉。漫长的岁月中要经历多少的选择，没人能给孩子和我们指明。积攒智慧、积聚力量，然后用最自然的念头去选择，不管多难，都能实现！

心 有 梦 想　就 是 强 大

我为什么向孩子们推荐《不莱梅的音乐家》

文 ／ 程 岩

浙江少年儿童出版社

不莱梅的音乐家

作者：〔德〕雅诺什 文/图，王星 译
定价：28.00元

这是一头驴子和他的伙伴们的故事。讲述了关于四个被遗弃的小动物相遇后，立志成为不莱梅的音乐家，并在前往不莱梅的路途中一同历险的经历。这个故事可以引发孩子思考与伙伴之间如何相处，学会担当和团结，而最重要的是通过故事告诉孩子们，要有一颗向往美好生活的心和一份遇到挫折不屈服的勇气。

《不莱梅的音乐家》是一部世界经典童话绘本，也是一本在图书馆里借阅率较高的经典图书。很多小读者在反复品读之余，会把它编成绘本剧、小品。故事的主角有：驴子、猎狗、老猫和公鸡，另外，还有三个强盗。可怜的驴子、猎狗、老猫和公鸡，都因为他们年迈而无法工作，先是受到了主人的冷漠，之后又被遗弃。遭遇相同的他们并没有丧失对生活的信心，都希望能够成为不莱梅的音乐家。于是，他们怀着共同的梦想，向往着不莱梅，并一同前往。在途中，他们饱经风霜，饥寒交迫，在遇到了树林里的一伙强盗后，他们用自己的智慧，团结协作，共同把三个强盗赶出了强盗窝。故事的结局很美好，四个小动物就定居在树林里的"新家"，幸福地生活在一起。

故事中的美好画面还在眼前萦绕，这让小读者们也懂得了一个很中国化的道理，那就是尊敬老人，善待生命。同时，在这个故事中，还有一种精神在里面，显而易见，这就是孩子们常常说的团结起来力量大。你们看，故事中的四个好朋友在遇到危难的时候，能够团结友爱并且发挥各自的聪明才智，是多么让人感动。所以，我们期待着普天之下的孩子们都能拥有一颗向往美好的心，还有一份遇到挫折不屈服的精神。

程岩，黑龙江省图书馆少年儿童服务部主任，中国图书馆学会未成年人专业委员会委员。从事未成年人教育工作20余年。创办黑龙江省第一家亲子共读阅览室，曾多次举办大型少儿活动；支持公益，荣获"黑龙江省爱心大使"称号；倡导以书为友，用最静心的阅读让孩子们的心灵更广阔。

这个故事里讲的这些动物真是乐观、向上、有理想！他们不认老，也不服输，在老得不能再为主人干活时还想当音乐家。他们又是那么勇敢，而且很有智慧。面对强盗，他们没有害怕，而是想尽办法，互相团结，互相配合，把强盗们吓跑了。所以，人的命运是掌握在自己手中的。在遇到困难时，要学会动脑筋想办法，还要和周围的人团结友爱，互帮互助，只有这样，才能改变自己的命运。团结就是力量，只要团结友爱，什么困难都能战胜！

透过故事圆满的结局，也折射出了一丝悲哀。驴子勤勤恳恳、踏踏实实地工作了一辈子，背麦子、狩猎、抓老鼠、打鸣……日复一日、年复一年，艰辛地工作，最终却在年迈时被磨坊老板赶出门。这似乎也在教育着孩子们不要嫌弃老人，而是善待、感恩他们。但值得庆幸的是，老驴却很乐观，始终寻找着属于自己的乐趣，这又鼓励孩子们只要脚踏实地、恪尽职守，用一颗乐观豁达、积极进取的心做自己喜欢的事，快乐其实很简单。

多有趣的故事，鸡飞蛋打，歪打正着。动物们是用自己的本能保护自己，驱除强盗，没想到倒把心虚的强盗吓得够呛，所以，不要做坏事，做坏事就会心虚，把简单的事情复杂化，原本正常的事情也被看得很恐怖。很多宝宝听这个故事的时候会忍不住哈哈大笑，笑里面的强盗很傻很有趣，被猫抓被狗咬、被驴子踢、惹鸡叫，还说屋子里有妖怪。其实他们要是知道屋子里只有这几只动物的话，是根本不会害怕的，还会被气个半死，原来是这样几只动物把他们吓坏了。所以弱小也不用怕，运用智慧就能保护自己，一样会对强大的家伙施加压力。这也是一个以弱胜强的好故事，为孩子们树立了一个好榜样，让孩子们充满勇气和力量，不去畏惧貌似强大的事物。

"去不莱梅当个音乐家！"因为这个想法，他们走到了一起。不莱梅在哪里？也许他们并不知道。音乐家怎么做？也许他们并不清楚。但是，因为心中小小的梦想，让他们的生活充满了希望。快乐其实很简单，只要怀揣梦想，充满希望。这个故事极具轻松和幽默的情趣，怀揣梦想，踏实工作，积极豁达，知足常乐，这就是一头驴子带给我们的简单快乐！

让我们学会宽恕

我为什么向孩子们推荐《假如狐狸和兔子互道晚安》

文 / 冯文燕

江苏少年儿童出版社

假如狐狸和兔子互道晚安

作者：[美] 卡尔廷·舍雷尔 文/图，陈俊 译
定价：29.80元

这是一本充满爱的绘本，非常适合亲子共读。这本书通过幽默风趣的语言文字，配合灵动活泼的绘画形式，向小读者们讲述了生动有趣的关于小动物们的故事。充满诗意的故事读起来朗朗上口，饱含深意，是适合家长和孩子一起阅读的优秀绘本。小动物们俏皮可爱的形象，一定会给小读者们留下深刻的印象。

当把《假如狐狸和兔子互道晚安》这本绘本捧在手里时，映入眼帘的是狐狸的半身和一只小兔子。可当把封面和封底全部打开时，会发现是一幅完整的狐狸和兔子形象的画面。小兔子找不到回家的路了，就在这时候一只大狐狸悄悄地、悄悄地摸了上来……小兔子感到了危险！当狐狸张开大嘴准备吃兔肉大餐的时候，小兔子叫道："停！不许吃我！你难道不知道这是狐狸和兔子互道晚安的地方吗？"这也是书中对话用得最多的一句对白，当反复出现时，重复性的语句会加强对儿童记忆力的培养。

接下来我们让孩子观察一下画面上那只张开利牙大嘴的狐狸。让孩子看看狐狸的嘴巴，那是长长的，窄窄的；而牙齿是弯弯的，尖尖的；他还拖着一个长长的、粗粗的大尾巴。小兔子躺在狐狸的肚子上，看着狐狸那怡然自得的表情，瞬间充满了温暖。可当看到书的下方，狐狸狡诈的表情会让人不由自主地提高了警惕，牵动着孩子的好奇心会一页一页地翻下去，狐狸表现出来的行为和他的心理活动，全部在绘者的作品中完美地呈现出来，并形成了鲜明的对比。在阅读绘本的过程中，让孩子学会观察，陪着孩子提高读图能力，从而提高孩子的审美能力，达到审美的境界并提高思维逻辑的能力。

冯文燕，黑龙江凡学文化教育机构负责人，巧伶珑凡学图书馆馆长，新师大家庭教育指导师。秉承"一起阅读，共同成长"的口号，坚持"让每一个孩子养成阅读习惯"的目标，以"让绘本阅读能帮助到更多的家长和孩子"和"为全民阅读创建和谐社会而努力"为责任和使命。

传统童话故事中的狐狸大多是聪明、狡诈的，但这个故事中的狐狸先生充满风度。为了吃掉兔子这个目标，不厌其烦，坚持信念，虽然最终未成功，但是在这个过程中，也收获了一份宽恕。而兔子却是十足的机智，用一句"这是狐狸和兔子互道晚安的地方"将狐狸束缚住。

故事中的狐狸虽然贪婪，却兢兢业业地完成了小兔子交给他的所有任务。狐狸背着小兔子为他讲睡前故事，送他回家，送他上床，给他唱安眠曲，一路走着一路唱着，狐狸竟然睡着了。幻想与现实之间的反差透露出浓浓的幽默感，一路读来，让人忍俊不禁。

故事的最后是兔爸爸要打狐狸，却被小兔子阻止了："你不知道这里是狐狸和兔子互道晚安的地方吗？"这是一个公平的游戏，他们还没有互道晚安，所以游戏还没有结束，于是兔子一家三口把昏睡的狐狸拖出洞穴，向狐狸道了声晚安。

故事到这里结束，让我们不禁想到了宽恕，包容，善果。

弱者利用智慧战胜强者的故事很多，但是，这本书中的那只充满智慧的小兔子，却对曾经想吃掉他的狐狸，温柔地道了晚安。宽恕和善良是这个故事值得我们学习的价值观和教育观，让孩子们知道什么是真正的善良。 是人性的力量感动了你我，也使得这个故事被大家喜欢。我相信读好书的孩子们，可以从书中找到力量。

其实，你很了不起！

我向大家推荐绘本《田鼠阿佛》

文 / 贺晖

南海出版社

田鼠阿佛

作者：[美]李欧·李奥尼 文/图，阿甲 译
定价：29.80元

这是一本充满正能量的绘本，很适合亲子共读。它告诉我们，生活中到处充满了美好的事物，只要你是个有心人，用心观察，仔细体会，有一天你积攒的能量会发出大大的光芒，照亮自己也照亮别人。这个故事还在提醒着家长：别小瞧你的宝贝，他们的内心丰富多彩。让我们一起彼此温暖，寻找美丽！

我的女儿今年上小学一年级，在这之前，也就是她幼儿园的那段时光，我没怎么给她讲故事。那时候买过很多录制好的CD碟片，经常放那些诸如《小红帽》《卖火柴的小女孩》《农夫和蛇》之类的经典故事给她听。后来，偶然走进一家绘本馆，被那种亲子共读的氛围所打动，这才慢慢给孩子读绘本。这次，在"声动冰城·为爱朗读"活动中，认识了很多好妈妈和好老师，他们向我推荐了这本《田鼠阿佛》。读过之后，深深觉得这是一本充满正能量的绘本。

田鼠阿佛是一只不起眼的小田鼠，当大家都在忙碌的时候，他看起来有些慢，有些迟钝。小伙伴们经常猜不透他在做什么，想什么。可是，当伙伴们对一切都不感兴趣，不知道该说什么和该做什么的时候，田鼠阿佛以巨大的能力，照耀了每个人……没人想到，小小的田鼠阿佛积攒了那么多美丽的语言和那么多灿烂的色彩，让伙伴们单调乏味的生活霎时间变得五彩缤纷，绚丽多彩！

之所以推荐《田鼠阿佛》这本书，是因为故事的主人公原本并不是什么了不起的角色。阿佛好像现实生活中的我们这些普通人，好像学校班级里那些相貌平平、成绩平平的小学生们。阿佛代表着芸芸众生中的平凡你我……但是，突然有一天，阿佛的身上爆发出了巨大的能量。其实，阿佛是一只了不起的田鼠！就如同，我们这些平凡的普通人，每个人都有了不起的一面！

贺晖，哈尔滨新闻广播节目主持人。2000年英语专业毕业，进入哈尔滨经济广播电台，虽然不是专业出身，但从事16年播音主持工作期间，做过各种类型的节目，并多次荣获省、市播音奖项。2013年进入哈尔滨新闻广播电台，目前，主播《哈尔滨早新闻》及《哈尔滨晚新闻》。

一个好故事可以鼓舞每一个人，不论是孩子还是家长。

作为孩子，阅读《田鼠阿佛》这样的书籍，可以带给你们信心、勇气和力量。你会从阿佛的身上找到自己的影子。回想一下，你是否也遇到过别人对你的不理解，甚至瞧不起呢？你的家长是否也曾说过类似于"你怎么什么都不会！做什么都不行"的话语呢？我现在要告诉你：孩子，别怕！这些都是你成长过程中的小插曲，只要你有坚定的理想，树立目标，用心生活，记录美好，终有一天，你会像阿佛一样爆发出巨大的能量，放射出巨大的光芒，照耀着你身边的亲人和朋友。到那个时候，所有人都会为你竖起大拇指！其实，你真的很了不起！

作为家长，我们同样会从小田鼠阿佛的身上看到自己家孩子的身影。我们时常觉得他们这不懂，那不会。我们时常担心他们成长得太慢，被别人落在了后头，继而通过语言或行动带给孩子们许多压力。

家长朋友们，我觉得我们是时候该反思了！《田鼠阿佛》这本书就是要让我们这些为人父母者好好地反思反思！这些年来，你是否被那句"不要让孩子输在起跑线上"弄得精神紧张，甚至手忙脚乱？你是否在无尽的攀比中折磨着孩子和自己？其实，如果你的孩子还不是阿佛，或许他只是还需要一些时间的积累。如果，你的孩子已经显示出了阿佛的本领，你是否给了他足够多的赞美与鼓励，让他变成更好的自己？每一个孩子都拥有无比丰富的内心世界，他们正通过他们的眼睛和心灵在观察世界。也许他们有时很慢，甚至有可能暂时掉了队，让家长心急如焚，但是，爱，不就是静静地等待吗？家长朋友们，请允许我们的孩子按照自己的节律慢慢成长吧！

读绘本，就是成长的一种媒介。作为一个节目主持人，可能我们更善于在声音和语气上来塑造绘本中的角色，这种塑造会是孩子的榜样，也是母亲角色的一种升华。我经常发现，在我给女儿读绘本的时候，她会盯着我的脸看。我知道她在学习，她正在用心观察，记录美好！我想，我会一直借助这种优势，读更多好故事给我的孩子听，也希望更多的人来关注这项读绘本的爱心公益事业。希望有更多的好妈妈、好老师加入进来，分享经验和感受，也让我们为孩子们做个榜样：用心观察，记录美好！宝贝，让我们共同成长吧！

用一生的时间学会去爱

文 / 贾大雷

接力出版社

活了100万次的猫

作者：［日］佐野洋子 文，唐亚明 译
定价：28.00元

《活了100万次的猫》是日本著名绘本作家佐野洋子的作品。作品讲述了一只猫的各种命运转折，由命运不由自主到最终懂得去爱、去支配自己生命的一个深奥的故事。说起来，我不确定这适合哪个年龄段的孩子去读，或者说这本书如此开放的内容可以覆盖全部年龄段。有关人生、命运、爱这样宏大的话题都包容其中，或许每个年龄段的人去读都会有自己的感悟吧！

我不太愿意给读书赋予什么样的特别意义。可能是现在读书这种普通行为被边缘化到需要去拯救的程度，所以总被舆论拿去说事。一个人的成长确实是很多综合因素组成的，读书并不见得比吃饭、睡觉、发呆、行走……更重要和高级一些，也不见得爱读书的人就一定比爱从事其他活动的人更高尚、更完美。请别把读书说得那么伟大和意义非凡，让阅读变成一件快乐的小事就好了。

儿子有很多书，但他还是最爱ipad和手机里的动画片和游戏。不过还好，他不排斥读书，并不完全把读书当成老师、家长交给他的任务，这让我还挺欣慰的。他的林林总总的书中，品类很杂，也并没有什么阅读计划。看他无聊时，提醒他翻翻书，就是我对他阅读生活最大的干预。我们共同阅读的时光不多，给他讲过一些故事，曾试图把我对一些书和故事的理解灌输给他时，我意识到这样并不好。我相信每个人认识事物是有局限性的，不想把儿子框定在我的价值观里和早早把他拉入所谓"成人世界"里去。所以包括这本佐野洋子的《活了100万次的猫》，我和儿子都读了，但我们并没有交流看法。儿子读罢这本书安静了一小会儿，眼光投向了虚无的远方……这是在思考吧？多好。

说到这本《活了100万次的猫》，我想它一定有100万种被阐释的角度。这竟是一本如此包容、接

贾大雷，哈尔滨日报报业集团《新晚报》专刊周刊部主编。高级记者。二十多年的媒体生涯中，做过文字记者、编辑，也客串过广播电视主持人、嘉宾；做过政务报道，评论过国际时事，也做过NBA解说；写过专栏，也出过书……喜欢尝试创新。在阅读方面坚持身教的引领胜过言传，主张让孩子自由地阅读，享受阅读。

纳、开放的高级作品，完全刷新了我对绘本的认识。我原以为绘本是那种讲讲浅显故事，配些优美图片，给孩子认知世界推开一扇有小花和绿地的窗子。可没想到《活了100万次的猫》竟是一扇如此博大又幽深的窗。这是一本讲生死的书，讲一只倔强骄傲的虎斑猫在颠沛流离的生命体验中去认识发现自己的过程。作者在绘本的画面上描绘的这只猫，虽一脸凶相，但在文字的描写中他却是可爱的。那么多的主人喜欢他，视其为心爱之物。可这种爱仅是一种占有，是不对称的。只做玩物的虎斑猫视这种日子如同"死去的日子"，毫无意义，生无可恋。即使每一次与爱着他的主人生离死别，也不见他掉下一滴眼泪。一次次相似的经历，让虎斑猫对"爱"这种情感的认识愈发模糊。虽然他看不起那种被他外貌所吸引的简单喜爱，但已把这当成习惯；虽然他不懂什么是真正的爱，但他确信自己渴望爱。在他成为一只野猫时，他收获了自由。这只阅尽千帆并以此为傲的虎斑猫，鄙视那些因生得好看而换来的廉价的爱，并拒绝被爱，更拒绝去爱。

直到虎斑猫遇到了一只美丽的白猫。白猫对他英挺的身姿和传奇的身世反应冷淡。可虎斑猫却深深地被这种冷淡迷倒了，他决定一直待在白猫身边。于是，他们在一起，还生了许多小猫。虎斑猫对自我的认知发生了根本性的改变，他开始学会去爱别人，去发现爱别人远比爱自己和炫耀自己的经历更值得拥有。日子在流淌，小猫会离开，虎斑猫和白猫都老了。白猫老去离世，虎斑猫把第一次哭泣和第100万次哭泣都给了白猫。之后静静地跟白猫一起离开这个世界，再也没有回来。

虎斑猫真正地死了一回，也真正地活过一回。雷蒙德·卡佛说过这样一句话：成为被爱的人，在地球上感觉被爱。虎斑猫成了这地球上被爱过的猫。因为他用100万次的死去活来弄明白了爱的很多含义。爱不是简单地吸引，爱不是单方占用，爱不是排练走秀，爱是放下身段，是忘掉自我，是钟情陪伴……爱是那么简单，爱又是最为难觅。

我敢说，儿子并没有完全搞清这本高级的绘本想表达些什么。不过，这有什么关系，他有一生的时间用心去读这本书，用一生的时间学会爱与被爱。一生挺长的，人也可以经历很多次死去活来。希望每个孩子都可以像虎斑猫那样，去真实地爱上一个人，去痛快地掉一次泪。在这个地球上学会去爱，感受爱带给他们的阴晴冷暖。

妈妈的温暖一直都在

我为什么向孩子们推荐《妈妈的红沙发》

文 / 蒋建香

河北出版传媒集团
河北教育出版社

妈妈的红沙发

作者：[美]薇拉·威廉斯 文/图，柯倩华 译
定价：29.80元

《妈妈的红沙发》讲述了一个普通家庭，在遭遇了火灾之后，重新构建自己幸福家园的故事。全家人（外婆、妈妈和我）通过往大瓶子里面存零钱，来购买一张全世界最棒的沙发。一件小事儿折射出平凡的一家人遭遇火灾之后从零开始的乐观、积极、向上的心态，而这看似简单的小举动，在这个略显急躁的功利社会里却显得弥足珍贵。

在这样一个雨天，在母亲节来临之际，静静地写一点关于妈妈的故事，是件极其幸福的事儿。《妈妈的红沙发》既没有足够吸引人的艳丽的卡通封面，也没有那么醒目的爱的主题。说实话，如果不是松居直先生的推荐，我不知道会不会把这样一本大红色的、布满玫瑰花图案的、看起来乡土气息浓郁的书带回家。

还记得当时是跟儿子一起看的，看完之后，我的眼泪禁不住掉下来。书中的外婆、妈妈、小女孩儿表现出来的那种坚强，笑对生活从零开始的那种决心和态度，让我潸然泪下。全书千字有余，没有一个"爱"字，但满满的爱意却在文字间流淌。小女孩儿去蓝车餐馆打工，是出于对妈妈的爱，小小的她想要帮妈妈分担，想要妈妈在小费少的日子里少点儿担心，想要妈妈回家的时候能有一张舒适的沙发放松一下她那已疲惫不堪的双脚；外婆一直哼唱歌曲是出于对女儿和外孙女的爱，在她的曲调里只有欢快，没有忧伤，只有安全，没有忧虑。在她哼唱的曲调里面，仿佛在轻轻地说："没关系，有我在！""没关系，幸好我们还年轻，可以从头开始。"妈妈和小女孩儿上街回来发现自己家着火了，两个人没有去看看家里烧成什么样，而是同时大叫："妈妈呢？""外婆呢？"这是妈妈和小女孩儿对外婆的爱，她们不关心别的，她们在乎的是她们深爱的人有没有受伤；在屋子里的东西被烧空以后，她们三个一起擦地板，把地板擦得亮晶晶的，一

蒋建香，黑龙江省萝北县农垦共青管理委员会地税局副局长，注册会计师，省级稽查岗位业务骨干，省级财务与会计岗位兼职教师。2014年在萝北地区发起成立了微公益社团组织——"萝北爱阅团"，和妈妈们一起推动萝北地区学龄前儿童亲子阅读。通过开展精读会、阅读延伸实践等一系列活动，使一批又一批的妈妈和孩子们爱上阅读。

起把墙壁漆成黄色，一起把零钱放到大瓶子里面，攒钱买一张既漂亮、柔软，又大又舒服的沙发，这是她们对这个家的爱。

她们爱这个家，所以要让它舒适、温暖。搬新家那天，邻居们带来比萨、冰激凌、桌椅、地毯、锅碗瓢盆和玩具熊，这是邻居们对遭遇火灾的小女孩儿一家的爱，大家各尽所能，帮助她们重建家园。整本书非常朴实，从图画到文字。它不像文学作品，更像是我们的生活。看着泣不成声的我，儿子用小手轻轻帮我擦了擦眼泪，我不确定他现在能不能听懂书里面的意思，能不能准确接收文字中所传递出来的信息，但是我深信，一本好书，就像一粒种子，它会在儿子幼小的心灵里生根发芽。如果将来家里真的遇到类似的或更严重的问题，他会想起那个小女孩儿一家，他会重拾继续生活的勇气，他会有明确的为之努力的方向，这样的意义无法用语言形容。

书中的很多细节，直叩心扉。家里失火前，体面又美丽的妈妈，身穿粉色的连衣裙，白色的小西装，和女儿添置新鞋回来时，一路欣赏路旁的郁金香，慢慢地散步回家，从容、知性、优雅；失火后，为了生计，妈妈到蓝车餐馆打工，回来之后还没等女儿数完钱，就累得坐在硬邦邦的椅子上，靠着桌子就睡着了，瘫软的样子，优雅尽失。前后的对比鲜明至极，让人看了不免心疼。在买到了自己梦想中的沙发以后，小女孩儿坐在装到车上的沙发上不肯下来，车子发动时才被迫下来，一回家又坐到沙发上，让家人把沙发和她一起抬进门。这不禁让我想起自己小的时候盼着过年，盼着新衣服的那种迫切的心情。现在的孩子是幸福的，但物质的充裕没能带来他们精神上的富足，他们反倒变得脆弱，变得弱不禁风，生活当中一点儿微不足道的小事儿，甚至能让他们轻易放弃宝贵的生命。这是值得我们家长深思和反省的。教会孩子爱的能力，包括爱家人、爱朋友、爱自己，教会孩子学会感恩，教会孩子微笑着面对生活给予的各种经历，包括磨砺，这真的非常非常重要。文章的最后："现在，白天时，外婆喜欢坐在沙发上，跟窗外路过的人聊天。妈妈下班回来，坐在沙发上看电视新闻。晚餐后，我挤在妈妈身边。如果我在她的怀里睡着了，她一伸手正好可以关灯。"一个开放式的结局，一个不算是结尾的结尾，但是我们有充分的理由相信，这一家会幸福、快乐地生活在一起，我们有充分的理由相信，这一家的日子会越过越好。写到这儿，我突然想起那句话："幸福，不是长生不老，不是大鱼大肉，不是权倾朝野。幸福是每一个微小的生活愿望的达成。当你想吃的时候有得吃，想被爱的时候有人来爱你。"

一个美好的地方——图书馆

我为什么向孩子们推荐《图书馆狮子》

文 / 金 雨

河北少年儿童出版社

图书馆狮子

作者：〔美〕米歇尔·努森 文，〔美〕凯文·霍克斯 图，周逸芬 译
定价：43.80元

《图书馆狮子》是美国知名童书作家米歇尔·努森写的关于遵守、破立、回报三个主题的绘本。爱书的孩子和爱听故事的狮子一样受到平等对待，如果不遵守规则同样受到惩罚。但是，如果在必要的情况下，关乎自己和他人安危之时，也要勇于打破规则，一切以人为本。而狮子所做的这些也是为了回报馆长麦小姐的收留之恩，不光为图书馆拂灰尘、舔信封，还勇于牺牲自己的利益，冒着离开图书馆的危险提醒马彬先生去找麦小姐。马彬先生最后也改变了对狮子的看法，找回狮子。而这一切道理都是通过温馨的画面，引人入胜的情节让孩子懂得的。

《图书馆狮子》是一本讲规则的绘本，因为在绘本馆工作的经历，越发觉得这本书对孩子们有着重要意义。图书馆，是一个既可随意又有规则的场所。首先，不能大声喧哗便是其主要的规则，而孩子们的天性则是自由，并不懂得遵守，那么这就需要告诉孩子们，不影响他人，不打扰他人是一种礼仪和素养。但往往孩子们开心起来就撒欢地跑、跳、喊，看着他们开心的样子不忍心打断，但对读书的顾客就很不礼貌了，所以每到这时我都会走上前和善而坚定地小声告诉孩子们和家长们："嘘……这里是图书馆呀，我们不能打扰别人，如果这里成为游乐场的话，你们下次和大家一样也不喜欢来了，因为比起游乐场这里显然没有那么好玩，我们需要的是一起读书啊。"大多数孩子和家长会很配合的，有少数是不配合的，对此我也会不厌其烦地反复告之。有时我也会给他们读这个绘本，鼓励他们做一个文明礼貌的孩子。我相信，孩子终会知道图书馆和其他场所是不同的。

关于礼貌，孩子的表现反映出父母的教养，而走出国门则是反映出了国家的素养。礼貌也是一个孩子情商的体现，成绩再好，工作再好，做事不礼貌，也是一个不受欢迎的人。

金雨，毕业于俄罗斯远东国立大学语言文化专业，从事俄语旅游翻译工作。"爱你如是"妈妈读书会创始人之一，女性活动负责人。和伙伴们一同致力于阅读推广，提升自我，完善自我，提高感受幸福的能力。

而《图书馆狮子》里，我们让一只凶猛的大狮子遵守不吵不闹的规则，从而得到可以留在图书馆听故事的机会，可爱又温暖。一只狮子都能做到，我们难道不能做到吗？

但故事的最后，却是另一种思路，就是让孩子们学会在安全的情况下，在大是大非面前，我们可以打破规则。因为一切是以人为本的，应该让孩子知道生命高于一切，懂得如何保护自己，救助他人。

现在有些人还会问，什么是绘本？绘本，英文称 Picture Book，顾名思义就是"画出来的书"，指一类以绘画为主，并附有少量文字的书籍。绘本不仅是讲故事，学知识，而且可以全面帮助孩子建构精神，培养多元智能。绘本是发达国家家庭首选的儿童读物，国际公认"绘本是最适合幼儿阅读的图书"。

很多书包括绘本，我们不是因为喜欢作者，就是因为喜欢标题，或者是因为封面设计而决定去买去读。这个绘本我是被画面吸引的，一个硕大的凶猛的动物在图书馆里和孩子们愉快相处的画面让我有了读下去的欲望。

从孩子10个月起，为了培养孩子的阅读兴趣，遂用表演的方式给孩子读绘本，从此让她爱上阅读。每当夜晚和孩子读绘本时，我们都会一同感受其中的温情、智慧、友爱，那一刻我们都是走在故事当中的小女孩……

谈起给孩子读绘本，最初是在孩子不到1岁时。几个同一小区住的友人，因为对阅读有了相同的认识，所以决定探索出以书香家庭、书香社区、书香国家为理念的阅读之路，便成立了妈妈读书会。在这里，大家共同学习如何教育养育孩子，探讨分享孩子需要读什么样的绘本，吃什么样的辅食。那时还不懂什么叫绘本，在教育第一线工作的妈妈推荐"海豚绘本花园"系列。而我第一眼就被这个书名打动，毫不犹豫下了单。我们几个家庭轮换着绘本给孩子读，并交流感受。然后我们又开始一起共读孙瑞雪、小巫等家教类书籍。以前都是凭着感觉甚至用我们最不喜欢的上一辈给我们的方式复制着，而我们却浑然不知。偶然的一次，共读了一本《每个人心里都有伤》。这一本书的分享可以说让大家痛彻心灵，我们的一切行为习惯都源于原生家庭，通过学习我们意识到教育孩子根本在于自己。自己不成长，教育孩子只是个理论，进而我们又开始读自我成长类书籍。

幸运和不幸，只在一念之间

我为什么向孩子们推荐《米歇尔——一只倒霉的羊》

文 / 李佳

未来出版社

米歇尔——一只倒霉的羊

作者：[法]西尔万·维克多 文，乐乐趣 编译
定价：24.80元

米歇尔认为自己是世界上最倒霉的羊,幸福永远属于别的羊群,别的动物。可怜的米歇尔感到自己早已被幸福所遗忘。其实,他只是没有发现,有一份与众不同的幸福一直在他的身边。绘本非常重要的一个要素是,插画也是能够讲故事的。这本书插画配合着文字,将孩子们很难懂的哲理诠释了出来。

作为阅读推广人,我去过很多地方,做过很多场阅读分享会,讲过的绘本、科普书一本又一本。如果你让我不假思索地拿出一个故事来讲讲,那《米歇尔——一只倒霉的羊》就会是我立马拿出来的那一本。要问这本书好在哪儿呢?那就是,明明讲了一个道理,却让你觉得这个道理是那么浅显,虽然浅显,却又能让你停下来想想自己的生活。

如今,绘本这个词被一次又一次提及,也涌现出了很多优秀的阅读推广人。他们致力于研究绘本,推广绘本,且层层地剖析绘本。但,绘本最本质的作用,在于对美的赏析、心灵的滋养及情感的浸润。所以,能让孩子喜欢的故事,一定不俗。一年多前,我在山东济南的幼儿园、小学里连续举办了十几场故事分享会,走过了很多所学校。时隔三个月,我又一次进校园做推广,其中一个幼儿园给我的印象十分深刻。我们走进校园的时候,正好有两个班的孩子在操场上进行课外活动,有视力超级好的小朋友竟发现了我。他们远远地跟我打招呼,激动得欢呼雀跃,高呼着:"小月姐姐,你又要给我们讲故事了对不对?"其实,我已不记得上一次讲过的是什么故事,对一张张充满活力的小脸也有些陌生了。我问他们:"上次小月姐姐讲了什么故事呀?"他们高呼着回应我:"就是那个特别倒霉的小羊的故事。"你看,孩子们的记性就是这么好,如果你教给他们的东西他们总记不住,那可能只有一个原因了——孩子不喜欢。

李佳，孩子们叫她小月姐姐。就职于乐乐趣童书，是一名致力于阅读推广的"花婆婆"。在全国各地已开展上百场阅读推广活动，用质朴的语言、温暖的笑容、活跃的思维将绘本的深意及美好分享给每一个人。

回到书里。《米歇尔——一只倒霉的羊》的主角是一只绵羊，名叫米歇尔。他跟别的羊或多或少都有些不一样，他喜欢独自待着，喜欢吃树莓，喜欢看着云朵做白日梦。

平凡的日子总会有不平凡的际遇：他想吃树莓却被电线挡住去路；他想到大树底下躲雨却没有他的位子；他想滑冰，池塘却被羊群占领；他还迷路找不到羊群，在夜晚的森林里掉进牛粪里……文字中透露出米歇尔浓浓的忧伤，但图画却表现了更多的我们的主角看不到的信息。比如，没有吃到电线外的树莓避免了掉下悬崖，没有在大树下躲雨逃脱了被闪电劈成"骷髅羊"的险境，因为迷路而改写了被送到屠宰场的命运，掉进牛粪而没有被狼当成晚餐，等等。我们（读者）就像是那个将世间一切因果都握在手中的造物主，以旁观者的身份像看一部电影一样体会着米歇尔的一切遭遇。米歇尔不幸的经历都为幸运的结局做着铺垫，或者正是因为有所谓的不幸才有了接下来的幸运。只是，这幸运没有被主角发现罢了。

我喜欢这只米歇尔羊，因为他总能让我想起自己。我们每个人都知道"塞翁失马，焉知非福"的道理，可当很多事真的在自己身上出现时，我们或许永远都不知道原来幸福早已悄悄来过。刚参加工作时，我从事的是外贸出口类项目执行工作，分配给我的一个项目的合同漏洞百出。刚接手时，因为项目复杂且前一任项目经理遗留了很多历史问题，使我产生了极大的焦虑。那个时候我认为自己是最倒霉的一个，因为别人清闲地上网聊天的时候我在处理客户反馈的项目问题，别人在休息的时候我陪同客户在车间做监造实验到凌晨三点。这个项目整整耗费了我一年的时间，当时我感到这一段时间是我最难熬的时光。时隔几年后再想起，才慢慢体会出了很多不一样的味道。如今，我已在出版行业扎根，工作内容也完全不同，但如果不是因为那一整年的历练，我的内心不会像现在这么强大，也不会有现在的对整体进程的把控能力，以及处理应急事情的果断和效率。现在回头看看，我比当时上班很清闲的同僚不知幸福了多少倍。我在青春年少不知世事的年纪，得到了充分的锻炼，也养成了对工作锲而不舍的精神和负责任的态度。所以我说幸运和不幸，只在一念之间。

这就是这本书，这个把复杂的哲理以富含深意的插画再结合文字呈现在你眼前的故事，怎能让人不爱？对孩子更是如此。每每讲这个故事时，我都会耐心地一遍遍问孩子们，米歇尔，他倒霉吗？孩子们总能用他们的语言告诉我他们心里的答案。那些答案让我会心一笑，因为我觉得阅读分享让人快乐；播撒这样的好书种子，让我快乐。

爱让阅读的魔法秋千荡起来

文　/　李志国

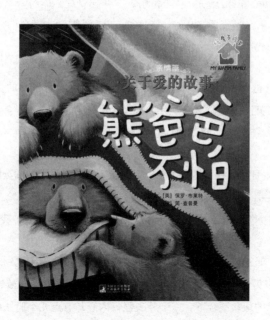

中央编译出版社

熊爸爸不怕

作者：［英］保罗·布莱特 文，［英］简·查普曼 图，禹田 译
定价：14.80元

《熊爸爸不怕》用幽默诙谐的语言，告诉孩子，其实这个世界没有怪物，要学会勇敢！我们在与孩子共读时应告诉孩子认真地观察每幅图画，其实熊宝宝看到的怪物只是屋子门前的一棵枯树，还有驯鹿先生头上的角而已！只要认识到事物的本质，其实黑夜并不可怕！这个绘本充满了暖色基调，即使外面电闪雷鸣，可熊宝宝们在妈妈爸爸身边依旧能安心入睡。这样的温馨画面，让我们感受到了亲情的力量！

我，和每位忙碌的爸爸一样，在工作的同时，还要担负起教育子女的责任。与他们不同的是，我本身就是一名英语教育工作者，对于教育有着更深的理解和体会。阅读，是孩子成长中最不可缺少的。如果童年时，播下阅读的种子，那么他将终生沐浴在知识的绿荫里。

因此，在我女儿3岁生日时，我给她买了一个室内秋千，并把我们的阅读时间安放到秋千上，女儿说感觉就像坐在月亮上。读绘本、听故事，这样愉快的阅读体验，使她欣然爱上了阅读，就像花儿欣然接受着阳光。《熊爸爸不怕》，就是在秋千上荡入了我和女儿的生活的。

"呀！爸爸，你看！熊爸爸一家太可爱了，熊宝宝多萌啊！"刚刚拿到绘本，女儿就被绘本的插图吸引了，兴奋得嚷个不停。我也只是随手翻了几页绘本，就被这个幽默的故事打动了。在作者和插画家的珠联璧合下，一个外表强悍内心却有点儿小胆怯的爸爸跃然纸上。台湾故事屋的创始人张大光，提倡在给孩子阅读绘本时，只讲故事不说教，我深以为然。因此，在为女儿讲绘本之前，我狠狠地抛弃了一些功利性的教育因素，把讲的重点放在了故事人物的设计与表现上。我希望女儿会从我的故事中，看到一个真实可爱的熊爸爸和熊爸爸温暖幸福的一家人。

角色对位，即用声音、肢体动作，强化每个角色的特点，让角色散发不同的个性魅力，这是我讲故事最拿手的技巧，这也让我的女儿很快进入故事的设定情境中。

我用象声词模拟狂风与雷鸣，我们很快置身于那个风雨交加的夜晚。

"爸爸，外面有怪物，我能跟你一起睡吗？"我把萌萌的熊宝宝们说话的声音设计得很快，还带些稚嫩。为了达到有趣的效果，我还特意把二宝设计成说话一紧张就有点儿结巴的小可爱，仿佛他们就是女儿小学中的小玩伴，女儿刚刚和他们玩耍归来。

"是……是……是谁？"我把熊爸爸的声音设计得很低沉，并把有些颤抖的声音模仿得惟妙惟肖。熊爸爸整体语速会有一些慢，并时不时流露出些许不耐烦的语气，但在最后一段被闪电吓着时，熊爸爸的声音就会很尖锐。抓住了这些小细节，一个个性鲜明的熊爸爸就触手可及了。

这样的角色对位设计，效果非常好，在故事的起伏跌宕中，女儿时而疑惑，时而会心一笑，时而担心，让我觉得她真的投入了。

当然，这只是"讲故事"的第一步，为了让女儿最大限度地参与其中，同时也为了丰富她的知识，我特意设计了一些互动性的小问题，把"讲"做了更大的延伸。其实讲本身就是超越单纯的照本阅读，融入自己对生活的感悟和理解。当麋鹿这个角色登场时，我会问女儿看看这个背影是什么动物？如果女儿没有回答，流露出疑惑的小眼神，我会继续追问，她和梅花鹿有一点儿像，但是犄角更宽更大，比梅花鹿更强壮，她是什么动物呢？在一问一答的过程中，女儿牢牢记住了麋鹿的特征，当她再次出场时，女儿立刻叫出来："爸爸，是麋鹿。"

对仗，是我给女儿讲故事常用的第三个技巧。简单来说，就是把内容相似的部分重新编排，在相似的场景切换中，凸显人物内心的复杂变化。《熊爸爸不怕》，整个故事中出现了三次熊爸爸睡觉被儿子们打扰，如果只是简单地重复，孩子的注意力肯定会降低，当融入对仗这

李志国，哈尔滨市"卓根·新派"外语学校创办者，南岗区民办教育协会副秘书长，中级英语翻译。"大肚爸爸英文绘本故事俱乐部"创办者，OPOL家庭浸入式英语推广者。曾任哈尔滨广播电视台《亲子乐陶陶》节目空中英语教师。曾多次荣获市、区先进个人、先进教育工作者等称号。

个技巧后，整个情况就不同了。随着熊宝宝一次又一次的打扰，熊爸爸的语气越来越不耐心，从第一次的理解和安抚，到最后嘲笑熊宝宝害怕没有的东西，看得出来，熊爸爸强压怒火，只待下次打扰的点燃！从女儿的眼神中看出，她开始担心熊宝宝们的命运了。这个故事的小悬念留到了最后，结局出人意料地逆转，熊爸爸居然被吓着了，这种戏剧效果让女儿猝不及防，捧腹大笑，故事的幽默特质展现得淋漓尽致。

故事讲完后，女儿意犹未尽地追问我："爸爸，这个故事是不是说熊爸爸的胆子也很小啊！"我被女儿的童真逗笑了，内心也由此升起了一种成就感。在夜晚的秋千上，通过我的讲述，一个虽然内心害怕，但却勇敢保护家人的爸爸，就这样从故事中走进了女儿的生活。小小的秋千，被阅读施了魔法，起落之间，已然是不同的人生。这就是阅读的力量，让我们认识更多人，体味不同的生活，汲取丰富的知识给养。借"声动冰城·为爱朗读"的活动，愿我们更多的幸福之家荡起阅读的秋千！

爱不需要去解释，只要自己喜欢

我为什么向孩子们推荐《菲菲的生日蛋糕》

文 / 梁小桥

新蕾出版社

菲菲的生日蛋糕

作者：〔瑞典〕斯文·诺德奎斯特 文/图，凯梅 译
定价：15.00元

这是关于派老头和一只叫菲菲的猫的故事。这不是一只普通的猫，菲菲会说话，能做事，就和每一个小孩子一样。菲菲一年要过三个生日，派老头都要精心为他准备礼物。好像我小时候，为了能够获得更多的礼物和美食，会过一个农历生日和一个公历生日。不论怎样，妈妈都尽量满足，还说不论过几个生日也都是长了一岁而已。别人说妈妈太娇惯孩子，妈妈总是笑，不过是小孩子嘛！后来，我又成为妈妈，有了自己的小孩，终于体会到了妈妈的感受，面对眼前这个粉团一样的小人，他的任性都显得无比可爱，为他做什么都不嫌啰唆，给他一切都不嫌多。

刚拿到这本书的时候，没感觉到有什么特别，封面和书名都没有让我感到惊艳。拿到后顺手就放在我的桌子上，忘记了。过了几天，我的儿子铁锤告诉我这本书很有趣，我问他好看吗？他还卖关子说自己看了才知道。

这本书讲了派老头和一只叫菲菲的猫的故事。因为菲菲一年要过三个生日，所以派老头要给菲菲做个生日蛋糕。可是在做生日蛋糕的时候出了很多乱子，邻居古大爷看到派老头在去商店之前先爬到了房顶上，还给菲菲的尾巴上绑了个窗帘。村子里的人都觉得派老头有点儿傻。

派老头傻吗？接着书里面开始说这件事的来龙去脉。因为要给菲菲做蛋糕，家里的面粉用光了，派老头要去商店买面粉，但又发现自行车胎瘪了；于是得去木匠房取工具修补车胎，但木匠房的钥匙竟然在井底下，需要用细杆子把钥匙勾上来；于是又得去木匠房的阁楼里去找细杆子，可是需要一个梯子才能爬上阁楼，古大爷家里有一个梯子，可是他家有一只易怒的公牛！派老头摸着胡子想出来一个好办法——斗牛！于是派老头在菲菲的尾巴上系上一个窗帘，用留声机大声放音乐，开始斗

梁小桥，国家二级心理咨询师，婚姻家庭咨询师，黑龙江省作家协会会员。出版过《孩子，让我和你一起长大》《姿态，女人的幸福密码》《越玩越专注》《玩出好头脑》等书。其中《孩子，让我和你一起长大》一书繁体版在港台、东南亚地区发行。曾为多家杂志撰写童话和亲子文章数百篇。

牛！菲菲在扮斗牛士的过程中碰倒了鸡蛋，派老头不小心坐到了鸡蛋上面，结果鸡蛋全都破了！这乱糟糟的一切正好被古大爷撞见，碎鸡蛋，尾巴上拴着窗帘的猫，要爬阁楼的派老头，于是，全村人都知道派老头傻了！但是菲菲不这么觉得。派老头在阁楼取了细杆子，拿到了钥匙，修好了自行车，买来了面粉，做好了生日蛋糕，派老头和菲菲坐在花园里一起喝咖啡，听着华尔兹舞曲，就像平时菲菲过生日一样。

绘本里讲了派老头和菲菲的故事，但是流淌出来的却是浓浓的亲情。菲菲好像是一个小孩儿，小孩儿在过生日的时候是最开心的，因为派老头宠爱菲菲，所以一年给菲菲过三个生日。我是当妈妈的，只要铁锤开心的事情，我都愿意尝试，我们在下着大雨的时候穿着雨靴去踩水，水花四溅的时候铁锤开心地大笑，我也笑，周围人看得一头雾水，我们好像有点儿不正常。铁锤喜欢的事情，我排除万难也要和他一起尝试，或许在这个过程中有很多无谓的事情，在别人眼里是无意义地浪费时间。可我认为，能够和孩子共同完成一件事情，这本身就是最有意义的事了。

派老头不傻，也没有疯，他不过是一个宠爱孩子的父亲，他做了全天下爱孩子的父母都会做的事情。爱孩子，不讲条件，不怕麻烦，只要他喜欢；给予爱，不需要去解释，只要自己喜欢。

书是生命的源泉

我为什么向孩子们推荐《小魔怪要上学》

文 / 刘茗

湖北长江出版集团
湖北美术出版社

小魔怪要上学

作者：［法］玛丽·阿涅丝·高德哈 文，［法］大卫·派金斯 图，李英华 译
定价：29.00元

这是一本充满"魔力"的绘本，食人的小魔怪在没有读书之前每天无所事事，父母也只是关心他明天吃什么……但是在小魔怪读懂了那些黑黑的小小的符号之后，一切都发生了变化。父母不再食人，并且为小魔怪做了香甜可口的蛋糕，还与小魔怪的同学成了好朋友，这一切都源于书的力量。孩子们，让我们爱书吧！

《小魔怪要上学》故事里的小魔怪是个心地善良的魔怪，他从来不吃人。枯燥的生活中让他唯一感到快乐的事情就是偷偷地看着人类的小孩子嬉戏玩耍。有一天，他捡到了一个粗心的小朋友落下的一本书，被书上的内容深深地吸引了。他决定去上学，读书写字，"破译"书中的秘密。从小魔怪上学那天起，一切都改变了。读这本书的第一印象是读书改变了食人魔的一家，让他们获得快乐，让他们改变了饮食习惯和生活方式，让他们变得和人类一样。但是，细细思量下来，小魔怪一家人的故事其实是一则通过阅读汲取知识进而改变命运的童话寓言。

书籍是在时代的波涛中航行的思想之船，它小心翼翼地把珍贵的货物运送给一代又一代。

——培根

对于小魔怪而言，看书没有任何功利的目的，他喜欢读书的原因，只是为了快乐。为什么读书会让他感到快乐？因为书籍把他推向一个浩瀚的大海，为他展现了一个广阔的世界。教他辨别真与假、善与恶，分清爱与恨、美与丑，为他拨开重重迷雾，打开智慧之眼。所以，他才打着手电筒，躲在被窝里琢磨那些黑色符号，才会以"绝食"来要求上学。而当小魔怪掌握了阅读书籍的工具——文字，他朗读的故事又再次吸引了他的爸爸和妈妈，他们甚至乞求小魔怪"再讲一个"。

读书，这个我们习以为常的平凡过程，实际上是人们心灵和上下古今一切民族的伟大智慧相结合的过程。

——高尔基

在小魔怪上学前，"爸爸妈妈从来不陪小魔怪玩游戏，也从来不给他讲故事"，每天想的都是"明天吃什么"，他们的生活只停留在食果腹、衣保暖的层次上。而上学之后的小魔怪经过努力学习，他可以读出一个一个句子，最后可以读一本又一本的书。阅读就是通过文字获得意义，一本好书就是一个好友，人们通过阅读自己喜欢的书，和书籍的作者进行跨越时间和空间的思想交流，获取信息，陶冶情操，进而带来自身心灵的成长！小魔怪的理想："他要邀请地球上所有的小朋友，都到家里来参加他的生日宴会。哈哈，这样一来，爸爸妈妈就永远不会再吃小孩子了。"多么可爱又聪明的小魔怪啊！他拥有了改变自身，改变爸爸妈妈的力量——知识的力量！

书籍是造就灵魂的工具。

——雨果

小魔怪从不识字到可以阅读一本一本的书，他改变的不仅是他自己，还有爸爸妈妈。爸爸妈妈不但从书中学会了做糕点，还开始和人类一起玩耍嬉闹，他们共同收获了无数的快乐和感动。如果没有阅读，就没有这一切的改变。有人给出了一个贴切的比喻："读书就像培植内心的小花小草，每日勤于浇灌，急不得，也懈怠不得。"养成热爱阅读的好习惯，才会拥有获取知识的工具。尤其是当下信息爆炸的时代，能够静下心来读一本书，不做信息的观众而是读者，不沉溺于简单的耳目之娱而是精神心灵上的修炼更具意义。况且，每日在我们膝边成长的孩子们，他们耳濡目染的是我们的生活习惯，社会氛围，这样培养他们的阅读习惯，和他们共同阅读就显得极为重要。阅读，可以拉近我们和孩子之间的距离；阅读，也可以改变我们的生活状态。

其实，我们的心中都住着一个渴望知识、渴望阅读、也渴望改变的"小魔怪"。

刘茗，哈尔滨雲石教育校长，黑龙江省企业家协会会员。从事教育工作20年，用心和爱去滋润每一个孩子，愿意用自己的经验和耐心去帮助每一个需要帮助的孩子，坚信每一个孩子都会成为参天大树。

我爱你一直到月亮那里

我为什么向孩子们推荐《猜猜我有多爱你》

文 / 刘英

明天出版社

猜猜我有多爱你

作者：[爱尔兰]山姆·麦克布雷尼 文，[英]安妮塔·婕朗 图，梅子涵 译
定价：35.80元

由梅子涵老师翻译的这本绘本是世界经典绘本。这本绘本用简单的文图表达最真、最暖的亲子情，触碰到读者心中最柔软的部分。绘本中小兔子和大兔子展现的场景、对白，如同很多家庭真实的育儿生活：孩子在自然快乐中能慢慢认知世界，感受着父母的关爱。

绘本的原文是小兔子和兔子爸爸之间在游戏中的调皮对话。但是，从妈妈的角度读起来，我能明显地感受到母爱的温暖。都说父母是孩子最好的老师，可是在生活中的很多时候，孩子的生命活力也会引导爸妈再次成长。爱是唯一可以超越时间和空间的情感，具有神奇的力量。

故事中，被爱充分滋养陪伴的小兔子快乐无忧地长大。今晚，就在此刻，在马上就要安静睡觉之前，开心愉快、兴致很高的他知道自己很爱很爱给他满满幸福的大兔子，他一定要把心中积蓄很久的那种感觉努力描述出来，他要让大兔子知道，那种感觉是多么真实的存在。他紧紧地抓住大兔子的长耳朵不放，要让他好好听听自己的心声。图中小兔子很认真、很兴奋、很执着的样子引起了大兔子的注意，大兔子的眼睛盯着这只调皮的小兔子，看看他接下来要做什么。没想到小兔子说："猜猜我有多爱你？"这个突如其来的问题让大兔子有点儿错愕，大兔子本能地说："哦，这我可猜不出来。"小兔子很努力地把手臂张开，张得不能再开，并确信地表达："这么多。"大兔子被小兔子的单纯认真劲儿感染，和他比试起来。大兔子展示出的爱越多，小兔子羡慕敬佩之意越浓，同时也就想更努力证明自己对大兔子的爱要更多。身体不够高、手臂不够长，小兔子带动大兔子跑到田野眺望远方，情感愈发细腻丰富，他太想赢了。大兔子已经深深地被宝贝的诗意情怀感动，当大兔子怜爱疼惜地把已经安然熟睡的小兔子抱到舒适的床上时，情不自禁

刘英，8岁女孩儿的妈妈，哈尔滨经济广播电台高级编辑、记者。创办并主持亲子教育节目和名医健康节目，感悟身心健康，助力家庭教育和亲子阅读推广；美国HTT"如何说孩子才会听"课程国内首批认证讲师；"故事妈妈"哈尔滨首批志愿者。

地低下头，深情地吻着自己可爱的宝贝，并对他说："我爱你一直到月亮那里，再从月亮上回到这里来。"月夜下，那幅亲子相伴的温馨画面立刻深印在读者的记忆中，更是让人很自然地联想到自己曾经轻轻摇动的婴儿床……

和女儿阅读时我感受到，亲子共读中往往最受触动的是已经成人的我自己。纷繁复杂的信息社会，工作、生活已经把感觉神经磨得很粗糙迟钝；手机微信碎片式的浅阅读，很难体会阅读纸质图书的享受。有太多次这样的阅读经历：看图画发现细节，展开联想方面我是远远不及孩子的；小故事大内涵，经典绘本总是在不经意间让你陶醉其间。孩子经常听着听着就睡着了，可读故事的我却意犹未尽，反复重读，细细品味。绘本故事的朗读，可以调动听觉、视觉，密切亲子关系，培养孩子的文学素养。我真羡慕这一代的小朋友，他们真幸福，享有这么多优质阅读资源，从小他们的视野就被开阔拓展。

"喂故事"长大的孩子在学前识字方面真是让家长省心，日积月累很多字已经熟识；"喂故事"长大的孩子更容易爱上阅读，养成爱看书的习惯；"喂故事"长大的孩子喜欢进到图书绘本馆主动找书看，那个样子很美。欣赏着孩子专注的样子有时候我会好奇，这经典的故事书中优美的文字和精美的图画对孩子会有怎样的影响呢？这种想法一闪而过，不得而知，但我相信这影响一定是好书带来的智慧启迪。就应这样自然而然地一本一本读下来，她喜欢就好。直到有一天，她用手捧着我的脸对我说："妈妈，你在看着我吗，你在听吗？"我说："嗯，我在认真看着你，你想说什么？"她说："猜猜我有多爱你？"我马上明白了她的意思，我把手臂张开说："我已经张得不能再开，我爱你有这么多。"她看着我开心地说："哦，这可真多！"然后会意调皮地一笑，说出："我爱你一直到月亮那里，再从月亮上绕两圈回到这里来。"我惊讶于她的反应和改编能力，惊喜之余配合回答："这可真多，谢谢你的爱！"

绘本给了我们平日生活默契的语言体验，真的很骄傲、很幸福，为自己曾在她小时候给她读过这本有爱的故事书。

感悟真爱，致敬经典！

勇气

文 / 绿茶

南海出版公司

勇气

作者：〔美〕伯纳德·韦伯 文/图，阿甲 译
定价：25.00元

全书就像一首散文诗，语言优美、朗朗上口，画面鲜活、风趣幽默，非常适合大声朗读，也适合你的爸爸妈妈为你讲述。每一页都是人生的考验，每一页都是幽默的对白。美国插画作家伯纳德·韦伯收集、采纳了生活中的微光片羽，提醒我们生活在周遭的人是如何勇敢，同时我们也需要源源不绝的勇气来面对生活中的下一刻。勇气有很多种，但无论哪一种，勇气就是勇气！

曾经在一堂小学生的阅读课上问起：是什么让飞机飞上了天空？孩子们纷纷举手说出各种答案。有一个小男孩，手举得并不高，却向我投来笃定的目光，于是我把手伸向他：飞机起飞，需要勇气、勇敢和空气！这一刻，我的心受到了一次强烈的震撼，多有力量的答案。这是我听到对勇气最完美的诠释。

一直以来，自认为是个勇敢的人，不卑不亢；一直以来，自认为是个有勇气的人，清澈生活。从没追寻过什么是勇气，直到我遇到这本绘本——《勇气》。

勇气就是力量。
勇气就是不害怕。
勇气就是主动和别人打招呼。
勇气就是保守秘密。
勇气就是保护环境。
勇气就是多吃蔬菜。
勇气就是坚持自己的梦想。我学完画画，还坚持要留下来学手工。

......

一幅幅简单而生活化的画面，一句句简洁而引发深思的句子。一瞬间不断有共鸣产生。像一首散文诗，郎朗上口。语言优美，既可以大声朗读，又可以依偎在一起分享。

勇气，是你第一次骑车不用安全轮。
勇气，是你有两块糖，却能留下一块到第二天。
勇气，是你知道个大秘密，却答应对谁也不说。
勇气，是爱它，却不摘它。
勇气，是努力藏起你小气、嫉妒的一面。
......

生活中，有很多考验勇气的地方。在课堂上与孩子们分享勇气时，得到的答案比绘本里更多，简直天马行空。我们的家长，有时忽略了勇气的存在，一味地小心和呵护，让孩子们没有机会体验勇气带来的信心满满。

读到这本书时，正是刚刚走进亲子共读世界之时，陆续读到一些绘本，非常喜欢，于是运筹着在哈尔滨开一间足够美的童书馆。2008年创办云游网，只是为了让二年级的儿子在亲近大自然时，拥有更多玩伴儿一起体验。当时为网站设定的理念是：一起分享，一起成长。于是，一不留神，云游就走过了八个年头。2009年，产生了攀登高海拔的念头，那个时间很多人建议我把云游网商业化。商机确实在，但是我发现自己还没准备好，于是选择"逃避"，与哈尔滨的一批业余登山爱好者，攀登了海拔5 276米的四姑娘山二峰。经过努力，我成为五名成功登顶的队员之一。坐在狭小的雪山之巅，心里豁然开朗，不再对是否商业化纠结。不忘初心，方得始终。既然心里没准备好，就顺其自然，为大家奉献更多、更好的活动才是根本。云游网逐渐建立了会员制，并一直将半AA制坚持到底，所有活动费用都是透明的，赚取阳光下的利润。坚持，也是一种勇气。2010年，与两位户外爱好者共同发起了"爱心背书客"活动，为乡村小学的孩子送书。2014年，共同发起"声动冰城·为爱朗读"活动。2015年，众筹创办"冰城最美童书馆"——绿茶书坊。2016年，又发起了一个全新的概念书城——"匠"。这一年年的"折腾"，似乎都与勇气有关，这勇气不是一个人的勇气，它来自你、来自我、来自他（她）。

绿茶，哈尔滨第一家亲子户外俱乐部——云游网创始人；
"爱心背书客"联合发起人；资深户外爱好者，曾攀登
5 000米以上雪山；绿茶书坊联合创始人。

勇气，是再来一次。

勇气，是知道有高山，就一定要征服。

勇气，是上探太空、下潜深海。

勇气，是小草从冰雪下破土而出。

勇气是从头开始。

勇气是坚持自己的梦想。

勇气，是立志做一名消防员，或是一名警察。

勇气，是必要时说声再见。

勇气，是我们互相给予的东西。

自从接触了绘本，便有意识地将户外旅行与阅读结合在一起。我们曾经在呼伦贝尔大草原读童诗，我们曾经在太平洋边共读《小海龟的探险旅程》，我们曾在游学路上读《安的种子》，我们曾经在乡村小学读《自己的颜色》，我们曾在高山顶读《勇气》。有时，知行合一也是一种勇气。

勇气有很多种。

有的令人敬畏。

有的平平常常。

总之，不管是哪一种——

勇气就是勇气。

勇气有时就是一种最直接的爱的表达。

勇气就是做一名读书给孩子听的好爸妈、好老师。

小小的也很好

我为什么向孩子们推荐《我想快点长大》

文 / 马 澜

未来出版社

我想快点长大

作者：［英］谢乐尔·韦伯斯特 文，［英］简·弗恩利 图，荣信文化 译
定价：25.80元

这是一本可以引导小朋友学习面对成长的绘本。"要是能快点长大就好了！"你的孩子是不是也像故事中的小恐龙一样，偷偷抱怨过？你是不是也想过，孩子什么时候能长大呀？和孩子一起读读这个小恐龙的故事吧！仔细体验孩子从最初对长大的简单渴望到发现长大并非无所不能这一心路历程。用心感受我们从最初对孩子的担心呵护，到发现他们带给我们的无限喜悦和惊奇。我们和孩子共同感叹：小小的也很好！

不记得这本《我想快点长大》是何时走上女儿的书架的，但最初肯定是因为封面上小恐龙那可爱顽皮的样子吸引了我，就仿佛我的女儿头上顶着一个小鸟窝站在水中，天真可爱地看着我。

故事中的小恐龙把"我想长大"作为自己的"目标"，画者简·弗恩利用不断变化的小恐龙的神态，生动地描绘了小恐龙"成长"的历程。

封面上的小恐龙顽皮可爱，头顶着放满蛋宝宝的巢站在水潭里，可是他的两只小手依旧不忘举着巢，即使小小的，他仍然知道自己有保护弟弟妹妹的责任。内封中，小恐龙叉着脚坐在地上双手紧紧地抱着蛋宝宝，轻轻地摇晃着，仿佛要把蛋宝宝摇出来，又仿佛要偷听蛋里面的故事。就好像我们的孩子好奇地摆弄着新到手的玩具，那么专注。

小恐龙的一切都是小小的，所以他仰头望着高高大大的恐龙爸爸，对爸爸充满着崇拜。"就算只有姐姐那么大也好啊！"渴望长大的小恐龙适当地给自己降低了"目标"难度，用尽全力往上跳，可是他连姐姐的手臂都够不着。他不断地念叨着自己的"目标"，并通过各种尝试去实现：

上蹦下跳、抓住高树枝拉长自己、在脚上绑树墩……可是都以失败告终，他甚至气愤地捂着头大喊："真没天理！"

还有姐姐可以去"咕咚咕咚"的水潭里、去"咕叽咕叽"的沼泽里、去软乎乎"沙沙"响的草地里，而他却不能。看着姐姐开心、享受的样子，小恐龙简直要被"气炸了"。好在对于"轰隆轰隆"的火山，姐姐也是绝对不能靠近的，这多多少少让小恐龙有了一丝窃喜。

也许作为父母你不曾想到，最让小恐龙伤心的是"不能帮妈妈照顾蛋宝宝"，他只能用他自己的方式来表达对小宝宝的渴望：静静地坐在窝边，眼睛一眨不眨地盯着，用鼻子蹭一蹭，给蛋宝宝翻身，和蛋宝宝说话。而所有这些都是因为他"小小的"。

直到有一天，家里来了位不速之客，他把姐姐撞飞，他要吃掉蛋宝宝，小恐龙才第一次体会到"小小的也很好"。因为很小，他一下子就躲开了凶恶的大恐龙猛然抬起的巨爪。他虽然也很惊恐，但依然不忘轻轻抱起蛋宝宝的巢。他"扑通扑通"地跑向水潭，"扑嗒扑嗒"地跑进沼泽，"沙沙沙"地冲进草地，一直跑向火山……即使小小的身子快被淹没了，即使小小的脚丫快被粘住了，即使小小的脚趾头快被烤熟了，他还是坚持着，此时的他竟然完全没有考虑自己，而是担心蛋宝宝"不要被烤熟了"。我们总是以为孩子小，什么都不懂，包办了孩子的一切，却很少知道孩子小小的脑袋里、小小的胸膛里有那么大的能量——"我得去保护蛋宝宝"！

记得在乡村小学的教室里，当讲到小恐龙身在火山顶，凶恶的大恐龙追上来，"五步、四步、三步……呀！那可怕的大爪子伸过来了！""可怕的大嘴眼看就要咬到小恐龙了。"教室里三十多个孩子都屏住了呼吸，孩子们担心小恐龙会被吃掉，有的孩子甚至害怕地蒙住了眼睛……但是小恐龙并没有被吃掉，大恐龙因为太大了，被小小的洞口卡住了，而小恐龙则从气疯了的大恐龙眼皮底下得意地从小小的出口走了出去。此时的小恐龙再一次感到"小小的也很好"，他竟然因为小而救了蛋宝宝，成为爸爸妈妈心目中的大英雄。当爸爸妈妈紧紧地抱着他时，他不但感受到了爸爸妈妈的爱（属于温馨家庭的归属感），更是无比自豪（对自己价值的肯定）。

走出火山的小恐龙并没有万事大吉，他还担心着两件事：一是在刚才的躲避过程中蛋宝宝是否完

马澜，7岁女孩的妈妈，悦彩虹家庭借阅馆馆长。早期阅读推广人，"背书客"爱心志愿者，"故事妈妈"志愿者，曾多次举办儿童读书会。爱学习，懂孩子，乐享生活，陪伴孩子阅读近六年；深深地体会到好书对孩子心灵的滋润，希望每个孩子都能读到更多的书，在阅读的海洋中快乐成长。

好，一个都不少；一个是自己违反了爸爸妈妈的要求，他们会不会生气？其实我们的孩子犯错误时也有同样的心理，小小的他们其实一直很懂事，他们牢牢地记得我们说过的每一句话，虽然他们有时也会违规，有时也会忍不住，但他们一直很关注我们的感受，因为小小的他们深深地爱着我们，爱着我们的家。

危险过后，三只恐龙宝宝出世了，小恐龙看着比他小很多的弟弟妹妹，给他们一个大大的微笑。此时的他是那么洋洋得意，不光是因为他变大了，变成了大恐龙，更因为他的勇敢，他能为爸爸妈妈分担责任。成长是需要等待的，就如同花草树木需要慢慢生长。在孩子成长的历程中，只要我们用心发现，不经意间就会感觉我们的孩子如同小恐龙一样，是最棒的。

"妈妈，我什么时候能长大？我想快点长大。"作为妈妈，我的女儿曾问过这样的问题。她热忱的小眼神里充满着渴望，仰着脖子希望得到答案，甚至如同小恐龙一样想尽办法让自己快点儿长大。因为长大了，她就可以拿到想要的东西，做想做的事，到想去的地方，帮助别人……也可以不再被父母管。回想我小时候，隐约也问过相同的问题，而当父母看到我的一点点进步，给予我小小的奖励时，我就会骄傲地认为我已经长大了。其实大有大的难处，小有小的好处。单单从我们的体型变化来讲，就像《伊索寓言》里所讲的：高高的长颈鹿可以吃得着高高树上的叶子，却没办法走进院子矮小的门；矮矮的山羊吃不着高高树枝上的叶子，却轻而易举地走进了矮小的门。任何事情都有两面性，不过作为父母如果能及时发现并回应孩子，让他们感受到自己的存在和价值，也许孩子就不着急长大了。我们也应更珍惜现在和孩子在一起的时光，不再期盼孩子变大，因为"小小的"确实"也很好"。

找寻生命里属于自己的小岛

我为什么向孩子们推荐《小岛》

文 / 王 伟

连环画出版社

小岛

作者：［美］玛格丽特·怀兹·布朗 文，［美］雷欧纳德·威斯伽德 图，崔维燕 译
定价：29.00元

置身于诗情画意的《小岛》，让人忘记了车水马龙的喧嚣，岛上的阵阵清风随之扑面而来。平和亲切的文字和精美的绘画相映生辉，不知不觉中，唤醒了孩子们清澈的双眸，也让纯净的心灵徜徉于海天之间。孩子在阅读时，会慢慢地感受到《小岛》的亲切与可爱，大自然给予了他生命，令他懂得欣赏别人、欣赏自己、欣赏这个美丽的世界。

在大海里有一个小岛，宁静而美丽。风儿围着小岛轻轻地吹拂，鸟儿快乐飞翔，岸边交替着潮起潮落；云从小岛上空飘过，欣赏着小岛上美丽的树、美丽的花，看那茂盛的灌木丛，看那金眼睛的紫罗兰，看那佳露蜡梅一样的、小小的淡粉色的花，开得正欢。当指尖第一次触碰到《小岛》，我仿佛置身于小岛之上，闻到了海的味道，听到了海的吟唱，连海上升起的晨雾，都已经将自己和小岛悄悄地藏在了薄薄的、湿漉漉的影子里了。

美好的事物总是让人留恋，这本《小岛》虽经十几遍地咀嚼，却仍回味无穷，爱不释手。小岛的晨曦落日，小岛的四季轮回，小岛的狂风骤雨……都唤起人们深深的感悟。大自然的魅力无穷，既让人亢奋又让人宁静，片刻间让人抛却了都市里的繁华与喧嚣，静静地驻足在扉页里。也许一切都在静寂中生成，人静了，夜静了，伴着繁星微弱的光找寻着自己生命中的小岛。生命中的小岛是一个让我们卸下疲倦的驿站，让我们整装待发的城池，细思量，我们每个人又何尝不是一个小小的岛？它独立地存在着，又与这个世界相连。

生命里的小岛静谧而美好，它教会我们自信勇敢，在冗长的岁月里不忘初心，砥砺前行。初心如小岛的清新，每一个孩子都是一个与众不同的小岛，他们与大自然无限接近，在蓝天下奔跑，在彩虹桥上放飞梦想，在丛林间欢唱……

我们每个人回首童年的时光，都有着自己的"百草园到三味书屋"，我们曾经站在小桥上眺望着迷雾朦胧的远方，心中是多么留恋带给我们无数欢乐的百草园啊，那是我们儿时的天堂！当记忆的小船漂流而过时，依稀嗅得到诱人的樱桃花香，依稀看得到丛间飞舞的彩蝶，依稀听得见雨后踩水的嬉闹声……我们这一代人，都在大自然的怀抱中尽情地玩耍过，大自然也给予了我们丰厚的礼物：勇敢，坚毅，激情，创造，仁爱，包容……

一直坚定地认为，孩子的灵性与大自然的熏陶密不可分，齐白石笔下的虾，徐悲鸿笔下的马，李苦禅笔下的鹰，是慧眼于现实生活观来的。中外名家，震撼人心、荡涤灵魂的文字，多依托自然景致而生，是用心悟到的。让孩子沉浸在大自然与自然事物中，才是"先做人，后作文"的写作伊始。"看听闻尝触想"对应着"眼耳鼻舌身意"，一切写作的素材，都来源于生活本真，坚定地走出一条"生活作文之路"，让孩子们有取之不尽的写作素材，学做一个真实的人，学做一个热爱自然、懂生活、爱生活的人！

在课堂上，给孩子们读了《小岛》，美丽的小岛让孩子们心驰神往，课上优美的诵读声，让我看到了一群乘着帆船，欢笑着登上小岛的熟悉身影——孩子们陶醉了！下课后他们好奇地问："老师，您小时候都玩什么呀？有草地、野花……吗？"当回答的话语轻拂他们的小耳朵时，他们的眼睛都瞪得大大的，眼神里充满了羡慕之情。那一刻，在我眼前浮现的是钢筋混凝土制成的鸽子笼，坚硬的柏油路。思绪的潮是小岛岸边激起的浪，一切美好的想法成为现实，都须迈出重要的第一步。拉着他们的小手，一同去触摸初春嫩芽的生机盎然，去感知一片落叶的萧瑟……我们找到了离学校不远的还结着果子的苹果树，找到了学校附近第一株盛开的迎春花，还找到了一群顽皮可爱的流浪猫。孩子们在自己心灵的小岛上，静谧着诸多的美好，时间久了，他们喜欢打开雨后的窗，喜欢看夕阳西下时那片绚丽的晚霞，喜欢在冬日里搭建银色的城堡……

在写景习作中，孩子们回味小岛的四季描写，淋漓尽致地勾勒着自己文章中的春夏秋冬，跳跃的文字呈现出的童言稚语是那么的纯粹，像是大自然的语言。用心聆听，有鸟语花香，有

王伟，哈尔滨市道里区抵岸绘本馆馆长，金笔教育名苑校长，"十二五"规划课题金笔作文哈尔滨市专职教研员，朗程教育哈尔滨市盟校系统教师培训主管。坚持一线教学并多次荣获国家级作文赛事指导奖项，多名学生在国家级大赛中屡获殊荣。

山谷里奔腾的小溪，有大树爷爷爽朗的笑声……幸福着他们的文字，相信孩子们落于笔端的那一刻，内心是充满快乐的。作为一名教育工作者，让孩子们快乐阅读，提升他们的文学素养，让他们"阳光成长"是我心中最为欣慰的衣钵传承。在孩子们最美的童年里，陪伴着他们成长，教会他们张开双臂拥抱大自然，一同找寻生命中属于自己的小岛，是人生多么幸福的事啊！

我游弋在遥望无际的海天之间，一份深切的期许，轻柔着我的遐想。会不会有无数含苞待放的花蕾盛开在属于他们自己的小岛之上？风姿摇曳，风雨中坚强，从此，世界更加美好！

友谊的回声

我为什么向孩子们推荐《月亮，生日快乐》

文 / 王晓宇

明天出版社

月亮，生日快乐

作者：［美］法兰克·艾许 文/图，高明美 译
定价：26.80元

这是一本充满爱的绘本，故事简短可爱，充分表达出关心、分享、宽容的美好，同时非常适合亲子共读。它告诉我们：友谊是一种伟大的力量，也告诉孩子，只要有真心和诚意，礼物是不重要的。听了这个故事，相信每个孩子的心灵都会得到滋养的。

孩子在4岁左右是人际关系的敏感期，渴望友谊、学着建立友谊，这是每个孩子成长中共有的经历。《月亮，生日快乐》里的主角和普通孩子一样，就是一个追求友谊、一心只想对朋友好的小熊。爱上这本绘本的原因不仅因为故事本身，还因为它的画面非常简洁，线条清晰。有蓝蓝的天空、棕色的山，还有土黄的小熊。这样对比月亮的明黄和小熊的眼睛就显得特别明显，整个画面给人一种特别纯净的感觉，而且很容易让孩子的注意力集中到小熊和月亮身上。阅读后，发现小熊的纯洁如同我们的孩子，可以看出作家在这里真正用心地透过孩子纯净的眼睛、孩子纯洁的心灵来创作出能深入人内心的作品。

作者引领我们进入一个美丽的梦：夜晚是那么的宁静，月亮挂在天空，其实是那么的遥远，也不会说一句话；由于天天看见皎洁的月亮，小熊自然而然地把月亮当作好朋友了；为了表示关心和重视，小熊想送给月亮一个生日礼物。于是小熊跋山涉水去跟月亮对话，小熊的纯真善良使他相信月亮已经接受了他的友谊。月亮看起来是那么的金黄柔和，而回应的声音又那么的熟悉友善，小熊不需要明白回声的原理，这个故事里虽然没有常规的知识，只有小熊的率真与想象，但在没有拟人化修饰下的月亮依然静静地挂在那儿，静静地陪着小熊，看似简单的故事充满了纯真稚趣。故事里的小熊渴望友谊，并且尝试建立友谊，回归现实。正如文章开头我所写的：每个孩子的成长过程中也必有这样的经历，我想通过这样的绘本故事，引导小朋友也能像小熊一样积极主动，真诚无邪地交友。

故事中小熊的童真让他的爱心得到最有创意的发挥，幼儿阶段，孩子总认为万物都是有生命的，会与之对话。我教过的一个孩子像小熊一样，也喜欢喃喃自语，赋予一堆玩具生命力，会为她心爱的芭比娃娃准备小被子，给它洗澡，把它当成最好的朋友，甚至寸步不离。我想，孩子们的童年生活本就应该是这样无忧无虑、纯真善良且充满想象的。

我觉得优秀绘本最主要的特点就是那些充满童趣的图画，那样的图画深受小朋友的喜欢。因此，我们往往通过一边声情并茂地讲述故事，一边适时引导幼儿阅读图画的方法，来感受隐藏在图画背后的意义。既给予知识传递又培养情感，这对孩子的成长有着极为深远的影响，这也是绘本教学的真正意义所在。在进行《月亮，生日快乐》的教学设计过程中，我注重透过言简意赅的文字与精致生动的图画，让孩子在听故事的同时，引导他们感受朋友之间那种互相友爱、互相宽容体谅、分享彼此快乐的纯真友情。在进行教学授课时，让我感受最深的主要有以下两点：

一、应当适当提问，给幼儿思维以启发

我们都知道，"合理的提问"是集体教学活动的核心。日本著名教育家斋滕喜博甚至认为，提问是"教学的生命"。在我的绘本课堂上，说到小熊爬到山头和月亮对话，引出"回声"这一概念时，我会问孩子们："大家听到这里，会不会觉得奇怪呢？"从孩子内心的感受出发来引起他们对"两种声音"的好奇，通过孩子自身的疑问来解决故事中的难点问题，我觉得这样的提问给了孩子自主学习的机会。

二、以对话的形式读绘本，让幼儿体验情感

正确的阅读过程不是让孩子被动地接受我们灌输的理解和感受，而是需要他们根据自己的情感、思想、知识等对绘本进行吸收。所以我没有过早地抛出所谓的"标准答案"，而是及时

王晓宇，哈尔滨市小大人幼儿园园长，哈尔滨民办教育协会理事。曾荣获央视国际部"最佳指导教师"称号、哈尔滨市道外区教育局授予的"先进个人"称号、《榜样的力量》素质教育成果"榜样园长"称号等。

地设置疑问，引导孩子根据自己的体验去理解故事。在讲到"小熊把帽子挂在树枝头，期待月亮能戴上帽子"的时候，我让幼儿自己体会："你希望结果怎么样？"让幼儿根据自己的情感体验来感知、理解绘本中小熊的期待心理和对朋友的真实态度。

温馨的故事还没有结束，夜晚仍旧是那么宁静，仿佛这是小熊的一个美梦，也终将成为孩子耳边一个动听的故事。小熊最终实现了他的心愿了吗？看了这本书你会明白，并被深深地感动。故事的作者写了一个这么美的梦，看似稚趣的故事纯真而感人，也点燃了我们童年往事的火花，忍不住朝夜晚的天空仰望，嘴里再次喃喃地唱起"祝你生日快乐"！

在爱中行走

我为什么向孩子们推荐《世界最穷总统的演讲》

文 / 王秀岩

光明日报出版社

世界最穷总统的演讲

作者：[日]草场YOSHIMI 文，[日]中川学 图，王志庚 译
定价：35.00元

《世界最穷总统的演讲》以儿童的语言，讲述乌拉圭前总统何塞·穆希卡2012年在巴西里约热内卢国际峰会上的演讲。他身为总统，既能安贫守富，又能心怀大众，身体力行影响这个世界。他发出的声音"我们心中的真意是什么"振聋发聩，令所有人深思。我们每个人，都有权追求自己想要的生活，如果人类无法做出明智选择，科技力量的提升便如同给3岁小孩配上了核武器。这个绘本用一个总统铿锵有力却又浅显易懂的语言给出了破解难题的答案，给人无限的启示。

我常常会去学校的课堂上和孩子们分享故事。这本《世界最穷总统的演讲》是我一定要分享的绘本之一。我认为孩子们读书的标准一定是首先它是可以打动我的。我从来都既把他们当成孩子，又不把他们当成孩子。把他们当成孩子，这个容易极了，因为我一直记得我像他们那么大时心里的所思所想；不把他们当成孩子，是因为在我心里，足够敬畏和看大他们。是的，和孩子们在一起，永远是令人最放松、最快乐，也是最有光的时刻。

做了10年幼儿园工作，一边是孩子的天真无邪，另一边是家长们的车马喧嚣。眼见孩子们的眼神越来越黯淡，那种无力感一直让我心里有份挥之不去的淡淡的忧伤。两年前投身创办红月亮童书馆，发愿用书香滋养大人和孩童的心灵。我想这是基于自己内心"位卑未敢忘忧国"的这份情怀。于是，这本《世界最穷总统的演讲》适时地出现在我的生命里。

就如这本书里穆希卡总统在演讲时所发问的一样：每个人都应具有的对家人、朋友、对他人的爱都到哪里去了？ 这个问题令我一路披荆斩棘地找寻，也不断地在叩问自己。

王秀岩，大连红月亮儿童图书馆创始人，红月亮故事家族发起人，大连儿童村副村长。全国十大最具影响力馆主，2016"阅读改变中国"年度点灯人，大连市"三八红旗手"。

在那次一年级的课堂上，我还是没忍住，于是铿锵有力地给孩子们读了这本《世界最穷总统的演讲》。读完之后，孩子们好久没说话。也大概是看到那个他们眼里一贯不笑不说话的秀岩老师少有的紧绷的面孔吧。我也不确定该从哪里切入，因为我还是觉得这个话题于他们稍稍有些晦涩，但是因为我深信教师的工作是为未来社会培养有责任感的公民。我也更相信，我们说的每一句话，读的每一本书都是在孩子的心里播种子。所以，我并不太纠结于他们听懂多少。

一个小男孩率先打破沉默："我们人类太贪婪了。就和《渔夫与金鱼》里的那个老太婆一样。她起初想要一只新木盆，得到了新木盆后，马上又要木房子；有了木房子，又要当贵妇人；当了贵妇人，又要当女皇；当上了女皇，又要当海上的女霸王……和吹泡泡一样，吹得太大，就破了……"

这个小男孩用《渔夫与金鱼》的故事给了我答案……当我们为争取美好生活而努力奋斗的时候，永无休止的欲望成了笼罩在我们头顶的恶魔。凡事总有度，一旦过界，必受惩罚。这是朴素的人生哲学，也是自然界的普遍规律。那一刻，我自己也在思考，当我为了让这个世界盈满书香而努力奋斗的时候，我是不是应该留给自己更多的、在内心修篱种菊的时间？

原来在我们眼里的纷纷扰扰的世界，孩子却一眼就能看破，他们真是天生的哲学家。

但"欲望是恶魔"不是我想和孩子讨论的重点。我更想和孩子们聊的是发出慷慨激昂的声音的这个人——乌拉圭前总统何塞·穆希卡。在2012年巴西里约热内卢的国际峰会上，各国代表纷纷发言，轮到穆希卡总统发言，他甚至连领带都没系，但演讲结束后，整个会场却爆发出最热烈的掌声……这本书用了很少的笔墨让读者窥见了穆希卡总统的生活状态：他不住在总统官邸里，而是和夫人住在离市区很远的农场里；不坐豪华的总统专车，而是每天开着一辆破旧的轿车去总统府上班。上班前他神情安然地给小鸡、小狗喂食……语言是有根的，他的演讲之所以打动人，是因为生活中的他就是身体力行。他的每句话都是由心而发，于是每句话都掷地有声，令听者感同身受，产生共鸣。

那次共读结束前，我在黑板上大大地写下四个字：知行合一。我跟孩子们说："咱们共勉"。是的，孩子们清澈的眼神不断提醒我，有喋喋不休的工夫，不如在爱中行走。

做独一无二的你，过有意义的人生

读绘本《雪花人》有感

文 / 魏 然

河北教育出版社

雪花人

作者：[美] 杰奎琳·布里格斯·马丁 文，[美] 玛丽·阿扎里安 图，柯倩华 译
定价：29.80元

生活中，我看到很多成人还被"人活着的意义是什么"这个问题困惑着。我希望和学龄期的孩子们分享这本绘本。通过"雪花人"的故事影响他们的人生观和价值观，让孩子们感悟到人活着的意义是成就自己，帮助别人，做有价值、有意义的事。让他们从小学会寻找自己的天赋，倾听自己内心真实的声音，用一生的时间坚持做最想做的事。

这是一个真实的故事。

150多年前，美国的一个小镇上诞生了一个小男孩，他的名字是威尔森·艾·班特利，人们都叫他威利。他特别喜欢下雪天，一看见雪花就非常快乐。

在他的眼中，雪花是多姿多彩的，像"漫天飞舞的蝴蝶，又像苹果树上盛开的花朵"。他愿意将全部的心思花在研究雪花上面。

通过显微镜，他惊奇地发现雪花的图案千变万化，而且没有两片雪花的形状是完全相同的！接下来，威利每天都在琢磨如何将每一片独一无二的雪花图案保存下来。

父母给予威利理解和支持，用积蓄为他买了昂贵的显微照相机。威利想借助它了解雪花的结构。起初，他面临的是一次次的失败，但他没有放弃，而是锲而不舍地尝试。终于，有一天，威利成功获得了第一张照片，他欢呼雀跃着，他会拍摄雪花了！

在研究雪花的过程中，天气的寒冷、邻居的不理解、雪花易融易碎这些不利条件都不能分散威利的注意力。威利拍摄成功的照片越来越多，他将成果惠及他人，让不同行业的人看到了大自然巧夺天工的美。

威利成功了，"他从一名普通农夫成为研究雪的专家"。这个时候，他可以去收获金钱和名利，但他没有，他仍不肯错过任何一场雪，对自然报以浓郁的探求之心，心无旁骛。

威利在暴风雪中的身影渐行渐远，但他送给世界的礼物永远地留了下来。每次读到这里，我都特别感动。我想对孩子们说，希望你们长大后能发挥自己的天赋或是找到自己最感兴趣的事，认真地学习、实践，坚持把有价值的事一直做下去，成就自己，帮助别人。就像"雪花人"威利一样，他的人生没有白活，他用毕生的精力帮助人们看到了无法看到的自然之美。

威利"爱雪胜过爱世界上任何东西"，当别的小孩儿在玩雪时，他却在收集雪花。他爱雪似乎是与生俱来的天赋。每个人都拥有天赋，那什么是天赋呢？它是藏在你身体里的密码，你要用智慧破解它。

首先，你要相信自己一定拥有它，然后观察自己对绘画、音乐、语言、文字、体育、舞蹈、数学、手工制造等哪些领域似乎天生就有兴趣。当老师还没有教授你的时候，你已经优于别人掌握了一些独特的技能。你愿意一辈子与之相伴，无论遇到多大的困难、挫折都不会轻言放弃。当你沉浸在这个领域里的时候，身心是非常愉悦的，心里像喝了蜂蜜一样甜。如果你确信找到了它，那你就收获了一粒神奇的种子。但是如果你不去精心地培植、灌溉、爱护它，天赋就永远只能埋在土里，不见天日。我们需要用日复一日的坚持和努力，甚至忍受许多的艰难困苦才能使它长成参天大树，硕果累累。这时，也不要忘了所有帮助过你们的人，与他人分享你们喜悦的果实，让你周围的环境和人们因为有你而过得更美好。

孩子们，我们每个人都是肩负着使命来到这个世界上的，我们的任务就是要为推动人类文明的进步贡献自己的力量。我们都是普通人，每个人的力量是微小的，但如果人人都能听从内心的声音，做真心热爱的事，并尽职尽责地把它做好，那我们的社会就会不断地进

魏然，全职妈妈，业余时间学习儿童文学写作，喜欢写童话。在《上海托幼》《少年时代》《为了孩子》等杂志上发表过多篇童话。在"父母堂"微信刊上发表过数篇作品。每天坚持给孩子读绘本，用文学滋润孩子的心灵。

步，人们的生活水平才能提高。所以，孩子们，我希望未来你们在做职业选择的时候，能从事你们最喜欢的、最感兴趣的事。同样，你们也一定会去选择无论遇到什么困难也不愿意放弃的职业，并用一生的时间去热爱它。孩子们，医生在救死扶伤，老师在教书育人，科研人员在推动科技进步——他们都是在做有价值的事，在过有意义的人生，如果你希望在这些领域找到自己的位置，就要获得真才实学并且不断地去学习、领悟每一个知识体系里的内容。这就是你们为什么现在要努力学习的原因！我希望你们能通过读威利的故事找到学习的目标和动力。

作为孩子的妈妈，读这本绘本也让我明白，虽然我们孕育了孩子，但孩子却是不同于我们的完全独立的个体。我们要尊重、保护他们独特的天赋和天性，帮助他们去成为他们自己，再目送他们在自己的道路上幸福快乐地前进。

我要向"雪花人"威利、绘本的作者、画家、翻译以及幕后的工作人员表达我的敬意！因为这本书教给了我和孩子许多宝贵的东西，让我们明白了什么是梦想、坚持、淡泊、热爱和勇气。谢谢你们！

学会勇敢

我为什么向孩子们推荐《小黑鱼》

文 / 杨 凯

南海出版社

小黑鱼

作者：［美］李欧·李奥尼 文/图，彭懿 译
定价：29.80元

绘本中小黑鱼的身上，兼具着父母们希望孩子拥有的勇气和善于合作的品质。在这样一个美好的故事中，孩子们会看到勇气和合作的力量。而且绘本中特殊的绘画技法，让画面色彩迷离、如梦如幻，深受小朋友的喜爱。

朋友把《小黑鱼》介绍给我后，小黑鱼的形象就再也没有从我的心中抹去。一条小黑鱼遭遇同伴被大鱼统统吃掉的危险，独自一人逃到大海深处，既害怕又孤独，伤心极了。可大海里到处都是各种各样奇妙的生命，他游啊游，看到像彩虹果冻似的水母，看见像森林一样的海草……他碰见一个又一个奇迹，于是他又高兴起来，并且想办法联合伙伴们游成一条巨大的鱼，把可恶的大鱼给吓跑了。我最喜欢最后描绘的场景了：他们在清凉的早上游，在阳光灿烂的中午游，把一条条大鱼都吓跑了。当我读完后，真的被触动了，如此简单的绘本却道出了我追求的生活态度。有谁说绘本只吸引儿童呢？它同样也让大人受益。很多读过《小黑鱼》的爸爸、妈妈们像我一样比孩子更喜欢这本绘本。作者用生动的语言、迷幻的色彩，直接深入人心，以一种单纯的方式让人思考何谓勇敢。勇敢不是默默承受生活的变化与困苦，愁苦、幽怨地度过一生。勇敢应该是始终保持心中那份好奇，去发现身边的美好，就如书中的结尾一样，去尽情享受生活的愉悦。有一个记者在采访作者时问他，他所创造的所有形象中哪一个更像他自己，他在小黑鱼下面大大地写了"我"字。看似简单的儿童绘本，其实蕴含着作者丰富的人生经历和感悟。小黑鱼生命的蜕变，深深吸引着我，我想我一定要把勇敢的种子种在孩子们的心中。

杨凯，银行从业人员，却深爱绘本，致力于阅读推广。相信书籍犹如黑暗中的灯塔，让孩子们始终心向美好！

我把《小黑鱼》介绍给一个幼儿园小班的孩子们看，孩子们都很喜欢。有一个孩子爱不释手，并要求妈妈给她买一件有小黑鱼图案的衣服穿在身上。小朋友在故事中会认同什么？他们会认同和他们一样的小朋友或小动物吗？这角色跟他们越接近越容易得到认同。我想这个小朋友一定在小黑鱼身上找到藏在心中的那份勇敢，这是绘本带给孩子们的力量。

孩子们喜欢《小黑鱼》是和这个年龄段的孩子的心理发展相吻合的。3—4岁的孩子正是婴幼儿经历挫折的高峰期，是培养抗挫能力的重要时刻。这一时期，他们会发现有许多事情想去做但又做不成，于是会有压力和不愉快的感觉，通常以发脾气的形式表达他们的挫折感受。上幼儿园后，他们又有了同伴的比较、新的期望等挫折来源，有时会体会到挫折感。当孩子在挫折面前产生逃避的念头时，为孩子们读《小黑鱼》也许是一个好办法，鲜活的形象更容易让孩子们接受和理解，也好过家长们苍白无力的说教。

优质的亲子共读，一定会在孩子心中播撒爱的种子，那些生动可爱的绘本形象让孩子们学会爱、学会勇敢……提升了他们优秀的品质。教育的最终目的不就是让孩子有能力创造幸福生活，享受生活吗？请和孩子一起读《小黑鱼》吧，读所有的绘本，去找到我们最热爱和向往的生活。阅读的力量从来都在你不曾察觉的地方，一直都在。

跟着绘本去穿越

我为什么向孩子们推荐《开往远方的列车》

文 / 徐妍

河北教育出版社

开往远方的列车

作者：[美]伊夫·邦廷 文，[美]罗纳德·希姆勒 图，刘清彦 译
定价：29.80元

这是一本适合与7岁以上孩子一起共读的书。《开往远方的列车》以美国19世纪50年代为背景，讲述了一列火车搭载着孤儿院的孩子们去西部小镇接受领养的故事。绘本画面犹如老电影般将我们带到那个年代，引领我们感受别样的人生经历。故事语言优美，温暖得如春雨丝丝入心，教我们学会温暖别人，心存希望，善待人生。

一个清晨，我和孩子刚刚醒来，他说读本书再起来吧！我随手抓起手边这本《开往远方的列车》。在我毫无准备的情况下，这个故事闯入了我们的世界，唤醒了我们心底一种叫作感动的东西。与其说它是一本绘本，我更觉得它像一本有意思的小说，篇幅很长，但读起来丝毫不会觉得冗余。它有着小说般迷人的跌宕起伏的情节，不动声色就能从画面上体会到人物情绪的各种变化，这应该就是绘本的魅力所在吧！

我们跟着小女孩儿玛莉安穿越到19世纪中叶的美国，在孤儿院长大的她即将开启一段旅程。这段旅程并不同于我们现实生活中的每次旅行，充满阳光、欢笑、美好，而我们隐约觉得仅有的一点儿相同之处就是一种对生活的期待。从纽约启程的列车，在每年的这个季节都有一批孩子被带走，去往美国中西部的各个小镇，这些在孤儿院长大的孩子将经历人生中的第二次被选择。玛莉安是个稍大点儿的女孩儿，她和5岁的萝拉非常要好，两个人以姐妹相称。故事一开始，我们就能感觉到玛莉安内心的复杂情绪，从发污的车窗玻璃上映出她们俩画面的那一刻，就能感受到自卑与矛盾在她的内心扭打成一团。她看到自己瘦长的脸，觉得一点儿都不好看。小小的萝拉一直希望别人会把她们俩当作姐妹一起被收养，不停地在车上发问，从而使得故事情节的氛围变得焦躁。第一次车站停靠，玛莉安一直在找寻着，因为她小小的

徐妍，哈药集团三精制药职员。喜欢亲子阅读，相信不功
利阅读，与好朋友约定，陪孩子一起阅读十年。

心灵深处有一个关于妈妈的承诺，妈妈会来接她。孤儿院送养孤儿的事情已经见诸报端，妈妈一定会看到，她相信。因此她在第一站没有被领养，既失望又开心。

当身边的孩子一个个被带走，故事呈现给我们更多的是人性的另一层面，有善良的家庭，比如小萝拉的领养父母。而更多展现的是挑选的目的与生活的残酷，大多数人需要的只是农场劳动力。身体强壮的男孩儿被疯抢，而自卑又怀有期待的玛莉安是那个最后被剩下的。与她同来的是孤儿院的芦小姐，一路上是她用善良温暖照顾着一车的孩子们。她会和领养的家庭发生争执，又怕言语过激错失孩子们被领养的机会，个中无奈淋漓展现；在到站前提醒孩子们换上事先准备好的干净衣服，那昏黄的换衣场景使我一直难忘。她会拉起分隔车厢的旧床单，发污的玻璃窗透进来的阳光让我们体会到这一路孩子们走得并不舒服，透过光线仿佛能感受到车厢中的拥挤与灰尘。他们不分白天晚上地坐着，只为找寻人生中的下一个接收站。

玛莉安的境况和她自己预料的一样，没有人愿意领养她。她回忆起和妈妈分别的画面，妈妈告诉她一定会来接她，一定会！她坚信着，但她手里紧紧握着的没有吃掉的苹果透露了她的紧张，即使这个苹果是某一站善良的人为了安慰她相送的，即使她从来也没有吃过苹果，此刻她也没有一点儿心思吃掉它。她日夜思念着她的妈妈，手指滑进口袋，摸着妈妈留给她的一根柔软的羽毛。列车最后一站的名字叫"远方"，这是故事最温暖感人的地方，那一站有一对老夫妇，温和善良，带着礼物等在车站。虽然玛莉安没有等到妈妈，但我和孩子都相信，她一定会快乐地生活。

这就是我想推荐给你的故事，伊夫·邦廷的《开往远方的列车》。一本让孩子体会不同人生境遇的好绘本，幸福环境中长大的孩子是很难有机会体验这种经历的，但这不妨碍我们去探知。此后孩子的班级组织了去福利院的活动，他更具象地了解了孤儿的真实生活环境，相信也有了更深层的体会。陪孩子一起读绘本，体会最多的是那些令人捧腹的故事，但我们总会很快淡忘。而那些充满冒险，或令人忧伤，或感人的故事往往会沉淀在我们的心底，回味起来会翻江倒海般涌来，那一幅幅画面仿佛也成为我们心底的一部分，挥之不去。感谢那些一路陪我们走来的绘本，让孩子幼小的心灵体会到不同的人生之旅。

梦想照亮生命

向每一个人推荐《巴特恩的裁缝梦》

文 / 徐阳春

东方娃娃杂志社

巴特恩的裁缝梦

作者：［法］伊莲娜·阿珊诺莉 文，［法］凡尼 图，赵盈 译
定价：8.00元

小狗巴特恩，经过不懈努力和执着追求最终成就裁缝梦，生命在梦想的照耀下创造了"奇迹"。而阿尔伯特先生，用欣赏的目光关注并鼓舞着巴特恩，用真诚的赞赏为巴特恩"助梦"，从中也感受了快乐，汲取巴特恩奋进前行的力量。阅读简洁而生动的文字，品鉴细腻而富有美感的图画，绘本用特有的方式告诉我们：每个有追求的生命都会有梦想，即使是一只不起眼的小狗也可以梦想成真。

在众多亲子共读的绘本中，我和儿子最喜欢《巴特恩的裁缝梦》这一本。一只活泼可爱的小狗巴特恩，身在宠物店却喜欢隔壁裁缝店里的玛德琳小姐。能够被玛德琳小姐收养是巴特恩的梦想！可是，不管他多么热情地摇尾巴，多么急切地表现自己，都没有被玛德琳小姐注意过。直到有一天，巴特恩发现了一个墙洞，从这个墙洞可以钻进裁缝店里。他开始悄悄地学习玛德琳小姐精湛的剪裁技艺，尝试用玛德琳小姐店里漂亮的碎布不停地裁、剪、钉，不断创意，变换崭新的造型……巴特恩最终在执着快乐的追求中梦想成真。

人人都有梦想，要做个快乐的追梦人。小狗巴特恩的梦想是什么呢？是做一个像玛德琳小姐一样的裁缝。巴特恩的梦想没有豪言壮语，也算不上是宏图大志，但就这样一个平凡的梦想，巴特恩在不停地努力，并付出他的全部。无数次地翻阅、浏览绘本，每一次，看着清新活泼的画面，我和儿子都会被巴特恩的乐此不疲和百折不回所感染。追梦的过程虽然很辛苦，可是每一步却是实在的、快乐的。在巴特恩的激励下，也唤醒了我从小的梦想。让我在"上有老下有小"、工作爬坡过坎的38岁"大龄"阶段，重新翻开书本，夜深人静挤出时间复习备考，经过全国统一考试，最终考取了哈尔滨工程大学MPA硕士专业。在两年的时间

徐阳春，哈尔滨市儿童少年活动中心副主任，哈尔滨妇女
儿童基金会副秘书长，哈尔滨市巾帼志愿者协会理事。长
期从事少年儿童校外教育和慈善公益事业，并致力于理论
研究、实践探索和创意策划。

里，兼顾着家小、事业和学业，在专业学习的殿堂里徜徉遨游，着实艰辛却也十足快乐地追逐着梦想，从而进入第一批圆满毕业、喜获"双证"的行列。而我的儿子更多承担了本应我予以的照料，极其自立且自豪地顺利完成小学阶段的学习。所以，梦想无论大小，只要开始快乐追梦，终有实现的一天，而且常常会有超乎预期的收获！

在《巴特恩的裁缝梦》里面，阿尔伯特先生更是我非常崇拜的"偶像"。阿尔伯特先生一直在用欣赏的目光默默注视着巴特恩的成长，他像是家长关注着自己孩子的成长，也像是良师益友在一旁鼓舞，没有冷言冷语，有的只是真诚地赞赏。阿尔伯特先生值得我们向他致敬，因为他的关注让巴特恩热情高涨，他是一位真诚的助梦者！在我从事慈善公益事业的14年里，我也有幸结识了许许多多像阿尔伯特先生一样的"助梦者"。随着时间的推移，如今他们当中有些人已经辞世，可是他们所帮助过的孩子们已然茁壮成长，在人生的路上依旧追梦前行。

晓畅，是在像阿尔伯特先生一样的"助梦者"支持下得以顺利成长的"巴特恩"。她与残疾的单亲妈妈相依为命，曾经举步维艰，多次处在濒临辍学的境地。在2005年的严冬。某县群众艺术馆舞蹈排练厅的红地毯上，我第一次见到她。她曼妙地跳了一段藏族舞蹈，旁边是她的一摞摞红皮证书。面对摄像机，她的眼神那样坚定、执着，她说："我要做一个有文化的舞蹈家！"高考结束时，她专门给我打来电话说："现在我在一家影楼打工，给自己挣学费，每天给来照相的人化妆。我已经长大了，可以自己养活自己了。"她还说："我最想见到曾经这么多年一直在帮助我的所有的人，我想当面说声——谢谢！"而今的晓畅，即将从传媒大学毕业。这么多年来，曾经的近2 200万元资金，帮助了6万余名像晓畅一样的孩子。我知道贫寒家庭孩子的追梦之路有多么艰难，是一个个素不相识、不求回报的"阿尔伯特"帮助孩子们绽开笑颜，续写人生的篇章。

我很幸运，曾陪着儿子反复阅读绘本《巴特恩的裁缝梦》，不断体验彼此的成长，它让我们体会到追梦是快乐的，筑梦也是快乐的。一个人不能改变整个世界，但是，追逐自己的梦想可以改变自己的世界；助力别人的梦想可以改变彼此的世界。当心手相牵，你我同行，让梦想照亮生命，世界将会因我们的努力而更加美好。

梦想的力量

我为什么向孩子们推荐《高空走索人》

文 / 张贵勇

新星出版社

高空走索人

作者：[美] 莫迪凯·葛斯坦 文/图，王林 译
定价：32.80元

这本绘本在我的孩子哲哲心目中占有重要的地位，也是我格外喜欢的一个绘本，适合4岁以上的孩子和父母共读。《高空走索人》讲述了法国杂技艺术家菲利普·帕特，在纽约世贸中心双子星大楼之间拉起钢丝，并在上边行走表演的故事，重现了40年前那激动人心的一幕。更重要的是，故事中有一种感人的、积极的力量，激励孩子们鼓起勇气、追求梦想，这在孩子们被迫去学习、缺少梦想的当下，尤其具有启发和现实意义。

哲哲4岁的时候，给他读《高空走索人》，当时他非常惊讶作者能将每一幅画都画得那么壮美、真切，俯视的、仰视的、平视的，各种视角让人仿佛跟在主人公菲利普·帕特的身边，感受一次次非凡的探险之旅。这本书也印证了那句话：经典绘本的每一幅画面单拿出来，都是一件含金量极高的艺术品。尤其是菲利普走在钢丝上的水平式拉页，整个城市尽收眼底，身边有海鸥在飞翔，远处有浮云在流动，地上的桥梁、车与人都如蚂蚁一般，看着画面，似乎能感受到习习的凉风从脸庞吹过，那是一种令人心悸的冒险，一种只属于勇敢者的游戏。

还没读完，哲哲就说也想去双子星大楼看看，瞧瞧那里到底有多美。但在结尾处，"现在，双子星大楼已经消失了。可是在记忆里，这两座大楼依然耸立，就好像烙印在天空中……"他不知道两座标志性建筑缘何被毁。于是，给他讲了当年"9·11"恐怖袭击事件，讲述之余，我也深深感谢莫迪凯·葛斯坦，感谢他既讲述了一个极其励志的冒险故事，也再现了世贸大厦当年的雄姿，为我们乃至全世界的孩子留下一段美好的回忆，用一种艺术的方式使逝去变成永恒。

　　张贵勇，《中国教育报》编辑，新阅读研究所客座研究员，《未来教育家》和《今日教育》专栏作者。热爱并积极推广阅读，著作有《真正的陪伴——爸爸教育孩子的9个关键词》《阅读的旅程——教师专业成长地图》《读书成就名师——12位杰出教师的故事》。连续多年参与新阅读研究所年度童书榜评选，《中国教育报》"影响教师的100本书"评选和国家新闻出版广电总局"大众喜爱的50种童书"评选。

后来，有机会和哲哲去电影院看了《云中行走》，讲的是同一个故事。导演罗伯特·泽米吉斯将帕特的故事讲得丰满而动人。丰富的故事情节，对绘本的内容做了进一步的延展，帕特的性格和形象也变得更加鲜明。哲哲转而开始对这个人产生了兴趣，再次翻阅《高空走索人》之后，他颇有心得地告诉我："爸爸，我发现，帕特之所以能成功，还是因为他内心很强大，战胜了自己。要我看能在风和危险的干扰下控制住自己，非常了不起，你说是吧？"

我很佩服小家伙的理解力。其实，强者之所以强大，的确不止有高超的技术和能力，更重要的是有过人的意志力和战胜自我的信心。我一直觉得，《高空走索人》与其说讲述的是一个冒险者的挑战自我之旅，不如说是在讲述一个西西弗斯式的为了梦想而不断拼搏的故事。故事内核是坚持自我，追求梦想，是对勇气与征服的重新定义。

有哲人说过，这个世界上最难的，就是战胜自己。在困难面前，在失败面前，在错综复杂的情境面前，更多的人是战战兢兢，是随波逐流，或者逃之夭夭。能坚定信念，战胜自己者少之又少，这也是菲利普·帕特迷人的地方。当一个人战胜了自己，内心便无所畏惧，即使在钢丝上也能从容前行。出于对自己的了解和梦想的追求，内心无所畏惧的人才是最强大、最可敬的。我希望哲哲能明白这个道理，像帕特一样，心中有梦想，勇于追求梦想，在心灵上永远是自由的。就像译者王林所说的："这本书不是安全教育读本，它歌唱的是立于天地之间大写的人，那些拥有快乐和自由心灵的人。"

有意思的是，哲哲5岁的时候，一天看电视上飞利浦灯具的广告，他啧啧赞叹，这个飞利浦真棒，不仅会走钢索，还发明了电灯。笑话归笑话，但这个精彩的故事融入小家伙的记忆里，让我着实感到欣慰。更让我欣慰的是，当初买这本书的时候，只是出于对画面和故事的喜欢，后来发现这本书荣获了2004年凯迪克金奖，看来经典绘本往往都有一种魔力，让人不由自主地产生亲近感，走进书中的故事世界，读过之后仍然爱不释手，抑或掩卷长思。

经典的故事和有趣的人一样，都让人产生亲近感、信赖感，而让经典绘本伴随孩子一天天成长，在成长中一点点拾起勇气，丰盈内心，我们就会看到一棵小树慢慢长高，看到一个即便生活艰难但仍然不忘初心的勇敢者。

因为我爱你

文 / 张丽

贵州出版集团
贵州人民出版社

因为我爱你

作者：［德］卡特娅·莱德尔 文，［德］扎比内·克劳莎尔 图，孔杰 译
定价：38.40元

是妈妈的心太柔弱吗？书中的每一句好像都在讲我自己，每一次读都在流泪……我为你坚强，你为我宽容，你成就了我，我滋养着你，成长的瞬间历历在目，只叹原本还可以为你再努力些！

"因为我爱你，我愿意日日夜夜注视着你"，所以刚出满月的时候看见所有大人的头都觉得好大，大到吓我自己一大跳，这才发觉，你竟然占据了我的全世界。每一个清晨，在你睁开双眼的时候，我都希望我比阳光还早地照进你的心里，看见你能第一时间看见我，我很满足。你有时啼哭不断，我恨不得替换你的难过，我心疼你，怎么也想不明白十个月的孕吐没折腾够我，为什么还要再折腾你？腰酸背疼，可是不忍放下哭泣的你，因为我爱你！

你1岁的时候，妈妈看到有人热心推荐《因为我爱你》系列，就毫不犹豫地买回来。爱，真没有理由。木讷的妈妈像是在借助作者的才华向你表达。爸爸在卫生间"吭哧吭哧"地洗尿布，你四脚朝天地蹬啊蹬，目不转睛地聆听书中的故事，我泪流满面。

你2岁的一天，在向我奔跑的时候摔倒了，我在不远处一而再地鼓励你自己站起，你做到了，我就知道你可以呀。可是，对面走过来一个过路的奶奶举起手要打我的架势，质问我是不是你的亲妈。怎么能这么心狠不跑过去及时将你抱起。我知道你比谁都明白，有我在身旁，危险绝不会靠近你，因为我爱你！

3岁啦，你入园！一转身为娘我哭得梨花带雨。继而每天斗智斗勇，我像把雏鹰丢下山涧任由

张丽，葆婴有限公司营养顾问。致力"爱与责任"文化的
传递，肩负榜样与骄傲的使命，推进健康与自由的愿景。

其飞翔的老鹰，因为我知道这个世界上不会有第二个妈妈护着你，一切得靠你自己！幼儿园老师跟我说："你家宝宝专注力怎么那么好？""好"字好写，但这跟我们一起坚持亲子阅读，共享亲子游戏，均衡营养，适量运动，早睡早起都不无关系。通过父母课堂的学习，妈妈知道了要抓住关键期，才会让成长事半功倍！懒蛋妈妈活生生被你调教成励志女生，没办法，因为我爱你！

眼睛一下子从空间相册里看到了4周岁生日的纪念——你第一次做生日蛋糕。真高兴你能参与的活动越来越多了：能吃野炊烹煮的鱼，能住帐篷，能爬山，能尝雪，能咬冰糖葫芦，能上台表演，坐飞机不哭了，喜欢跟小伙伴们一起玩儿，不怕小狗"汪汪汪"，采摘能适可而止，旅游不用妈妈抱，能拒绝我们的建议，能做弟弟妹妹的榜样，能给我和爸爸照合影了……两万多张的照片存储，可关乎你的一切都不舍得删，因为我爱你！

5岁，你继承了家族一切积极的能量，那么热爱生活！"这边的鲜花，那边的池塘，每一个地方，都有全新的发现，所有我不曾注意到的美好，如今都映入眼帘"。不会游泳的我抱着你下海，你却丝毫不畏惧；因为可以坐得住了，爸爸很骄傲地带你去看足球赛；那个冬天从港澳返回哈尔滨后，你一下子知道了温度在同一个季节不同的城市可能不大一样；后来我们一起给孤儿院捐款，为希望工程义卖，去做爱心"背书客"……希望你懂得有一种快乐叫"与人为善，助人为乐"。妈妈想成为你的榜样，因为我爱你！

就这样一下子长大到6岁了吗？你还会靠在我怀里幸福地听着满眼泪花的我读着这本《因为我爱你》。刚上小学的前几天，每次上学路上等红灯的时候，都会有奶奶级别的人看见你先天上眼睑下垂的眼睛好笑地说："呦，这孩子还没睡醒呢！"我很无奈他们的好奇心和打探，可是你很镇定，还跟我无所谓地说着，我只不过眼睛小点儿而已。我很庆幸你有福报，遇见了好老师和友善的同学们。很多时候我也会因为自身的焦虑而冲你咆哮，让你受绑架于爱的名义中，但过后你都会哄孩子一般地跟我说："妈妈，我都忘记了，没事的，没事的。"你知道吗？很多时候，我反倒觉得是你教育了我，因为我爱你！

再过两个月，你将7周岁了，精彩还在继续，因为彼此深爱！

感恩遇见，《因为我爱你》，送给懂爱的你！

今天，你仰望天空了吗？

我为什么向孩子们推荐《第一次提问》

文 / 赵树伟

连环画出版社

第一次提问

作者：［日］长田弘 文，［日］伊势英子 图，［日］猿渡静子 译
定价：39.00元

亲爱的小朋友们，你们知道吗？《第一次提问》是小孩、大人都很喜欢看的一本绘本，都会被书中的提问吸引住。不信我们一起来看看吧！

看到封面水洼中的小女孩儿了吗？这个小女孩儿的年龄是否和你一般大小呢？今天你仰望天空了吗？你想想，云看起来像什么呢？那么你知道风是什么味道呢？带着类似这样的问题问你周围的小朋友，看他们是怎么回答的呢？

小朋友们，当你看到图中妈妈的双手温暖地抱着一个婴儿时，你是否也会和我一样感受到这世界很暖呢？是否会认为这是美好的一天？书中的画面带你去看那美丽的挂满雨滴的蜘蛛网。你是否体验过在清清的河水边，用手指划动河水呢？图中的小男孩儿在透过树叶的阳光下，蹲在树干上，用手指划着潺潺的流水，你听到声音了吗？你有触摸凉丝丝的河水的感受吗？

看到这一切感到真美呀！让我们一起翻开这本《第一次提问》，一起走进这美妙的大自然中，在图中你会听到黎明前的鸟叫，暮色中你会提出什么样的问题呢？打开这本书，在看提问的时候，答案也许会同时出现在你的心中！

今天，你仰望天空了吗？天空，是很远很远，还是近在眼前？

一个小女孩儿静静地站在一大片的水洼中间，水面的倒影模糊映衬着小女孩儿一双黄色的靴子，更多的是映衬着天空中翻滚的乌云，缝隙间露出蓝天与白云。蓝色的裙摆和梳着的麻花短辫被一阵风吹起，这个侧脸的小女孩儿低头看着脚下。看到这样的画面，怎能不使人发出疑问？提问从封面就开始了！

第一次看到这本《第一次提问》是在北京新阅读"领读者"培训课堂上，老师放映的每一幅图都深深吸引着我，而记忆犹新的就是那第一个提问："今天，你仰望天空了吗？"就这一句提问把我的思绪带到了遥远的天边，因为那时仰望天空是我常常所做之事。而随后的提问也正是我常常的疑问：天空，是很远很远，还是近在眼前？仿佛这本绘本正是为我而准备的，仿佛我的灵魂瞬间被带入一个奇妙的时空中，正向一个人发问。

画面里一个空空的乐谱架立在一边，一群忽明忽暗的燕子或飞或停落在串串的铃铛上。内心的声音不知不觉就被传递到了那个时空中，也许是哪一只燕子帮忙传递的吧！接下来的一页是和封面一样的画面。"云，看起来像什么？风，又是怎样的味道？"是小女孩在发问，还是在问小女孩呢？或许是那阵风在提问吧！而且还调动了嗅觉，风真的有味道吗？是的，那时的风是一股甜甜的味道。

你觉得，美好的一天，是怎样的一天？

我想这句提问很多人都会有感触，无论谁都曾有过美好的一天，只是每个人的情境不同，所感受的美好也各不相同。一句问候、一个远距离摆摆手、短短的一次同行、一句歌词、一个及时的回复，等等，看似简单，都会成为美好一天的缘由。画面中只有一双妈妈的手抱着一个身穿长裙的婴儿，但可以感受到妈妈那美丽的眼睛正微笑着；慈爱地看着那婴儿，好温暖啊！对于那时的妈妈来说，孩子天真爽朗的笑声就会成为妈妈美好的一天，还有孩子第一次清晰地喊出"妈妈"，第一次独立行走，第一次送你礼物……

所以凡是认为美好的一天，难道我们不该说声"谢谢"吗？如果我们每天都在说"谢谢"，那我们岂不是每天都过得很美好吗？此时此刻，想起梅子涵老师的《绿光芒》这本书，里面的每一个故事都被写得那么的美好，耳边又响起了《穿过生命散发的芬芳》这首歌。

我会穿过田野穿过村庄
穿过开满鲜花的山冈
我会遇见你在人海茫茫

赵树伟，一个读书给孩子听的全职妈妈。如今孩子已进入
中学，而她进入幼儿园、小学一年级课堂、书坊继续为孩
子读绘本、读童诗，这是她毕生的事业，她坚信一个听故
事、听童诗长大的孩子对其一生都会有不寻常的意义。

我会牵你的手穿过热闹的街巷

我会穿过时空穿过无常

穿过生命散发的芬芳

我会陪着你在人海茫茫

我会拥抱着你穿过地久天长

我们此时此刻微笑着

感受着幸福溢满的对方

我们此时此刻幸福着

拥有着无比绚烂的时光

我会陪着你在人海茫茫

我会拥抱着你穿过地久天长

我会拥抱着你穿过地久天长

侧耳倾听，听到了这优美的旋律了吗？

紧紧闭上双眼，看到这歌声里的美好了吗？

生活节奏的加快，有谁会停下脚步看看路边的大树？又有谁会被一棵大树的生命力所吸引呢？然而那是一种无法阻挡的力量，那种力量牵引着生命的方向，向上！向上！一直向上！

亲爱的孩子们，你知道沉默是怎样一种声音？

沉默不仅是期待、等待，还可以是忍耐，更是爱到深处。不同心境、不同年龄，会有不同声音。那么沉默和安静有何相同与不同？我相信，无论是什么，如果背景是爱，是我们爱着的这个世界，是每个人的心中种下的爱的种子，那么"世界"一词在每一个人的脑海中呈现的便是一道美丽的风景线。

都说语言是苍白的，而最后苍白的一页纸上留下了这最后一次提问：在这个轻视语言的时代，你还会相信语言吗？孩子们带着这个问题，我们合上书，这一天就这样在提问中、在思考中过去了。

第二天的黎明悄然地来临。无论是在清晨，还是在傍晚，在你仰望天空的时候继续发问，看有谁的回答是："我相信，我愿意相信语言的力量！"孩子们请相信语言是有能量的吧！孩子，无论现在你多大，你喜欢几岁时的自己？或者说你喜欢回到几岁时的自己？今天，你仰望天空了吗？

天空，是很近很近，还是远在天边？
提问与回答，
此时此刻，需要的是哪一个？
那些必须做的事，
你心中是否有了决定？
……

别让爱，来不及表达

我为什么向孩子们推荐《外婆，你好吗》

文 / 赵轶君

希望出版社

外婆，你好吗

作者：梅子涵 文，徐慧 图
定价：30.00元

亲爱的同学们，你们好！今天为大家推荐一本绘本——《外婆，你好吗》。这本绘本是由著名儿童文学作家梅子涵老师写的。同学们，在你们的成长中有没有这样一位老人：她把你抱在怀里，给你唱儿歌；她宠着你，每次见到你，都会拿出她留了很久的好东西给你；她最喜欢喊你的乳名，总是一边喊一边笑了。或许，这个老人还亲手把你带大了！就像《外婆，你好吗》里的外婆，把毛毛带大一样。可是终究会有分离的那一天，而且是永远地分开了。

一本优秀的绘本，不仅仅是写给孩子们的，也是写给所有人的。不同年龄的人，读出不同的感悟。这本饱含浓浓亲情与想念的绘本，唤起了人们在生命成长过程里流连忘返的记忆，记忆里留下生命中最深的情怀。

这个故事，最早刊登于1998年3月的《少年文艺》上。现在，它成为一本温暖的绘本——《外婆，你好吗》。这个故事在提醒着我们：当和身边亲人们在一起的时候，要好好感受，别等到真的分开了，才遗憾地感叹："在一起的时候真没有好好珍惜啊。"

阅读这本绘本，让心安静下来，好好感受身边的人。

把书本《外婆，你好吗》拿在手里，还没有翻开，故事就已经从封面开始讲起了：

一把椭圆的扇子，安静地躺在老旧的竹藤椅上，然而，椅子空了。在画面中，一个黑头发、戴着眼镜的背影安安静静地凝望着远处，他心里在想什么呢？"外婆，你好吗"这几个字的出现，回答了我们的猜想：这是发生在祖孙之间的故事，画面中也蕴含着 对"过去时间"的追忆。

外婆去世以后，每年春天我都乘火车或者轮船去看她。
去看的是一个墓。外婆的墓在她的家乡。
她在我出生的时候，她从家乡来到我的身边，四十多年一瞬间过去了。

故事用第一人称，就这样缓缓地讲述着，就像说着发生在我们身边的故事一样。外婆在"我"出生以后就来到"我"的身边，带大了"我"，也带大了"我"的女儿。

小时候，外婆抱着"我"上船，背着"我"上船，搀着"我"上船；外婆去世了，再次走上大船时，"我"手里捧着的却是外婆的小盒子。这是多么不同的两种情景啊！中间隔着的是时间。同样是坐船，同样是那条回乡路，不同的是"我"的外婆不在了。时间，沉重地将"我"和外婆永远地分开了。在时间里，填满了我和外婆的记忆，填满无尽的想念。坐船的感觉和经历都成了童年最温馨的诗画！

往往，阅读一本优秀的绘本或一个好故事，能激发大人和孩子藏于心中无限的情感。

绘本里有这样一幅画面：一个满头白发，弯着腰拉着小女孩的手，走在路上的背影。读到这里我就会流泪。

那个背影里，有我的奶奶，也有我的妈妈。当我把这本绘本讲给我的女儿听时， 我和她聊起她的外婆。我说：你出生后，外婆也来到了你的身边，只要你一哭，她就赶紧过来看看你，哄哄你，还给你唱儿歌，那时候你什么也不知道，只是一个会伸手伸脚的婴儿。我们一起看小时候外婆抱着她、拉着她小手走路的照片。我希望她长大，除了记得爸爸妈妈的怀抱，还要记得外婆的怀抱和拉扯她走路的情形：慢慢长大的那双布满皱纹的手，那个给予她爱不求任何回报的外婆；那个即使弯着腰不舒服，也会弯着腰拉着她小手的那个外婆。女儿看着我说："妈妈，你也会成为外婆吗？"我说："会啊，有一天，你会长大，我也会成为外婆，

赵轶君，老约翰绘本馆北京东城馆负责人。自创办儿童阅读馆以来，一直致力于儿童阅读的实践与推广，感染了许多家长捧起书来阅读。创办了"故事八点伴"有声电台，用固定的时间为孩子们读书。多次受邀到小学校、社区，为孩子们举办读书会活动。

然后生命就这样一代一代地延续着。"

阅读一本优秀的绘本，通过里面的文字和故事，能让我们想起生活，思念感情，养育生命。在每一个生命成长的过程中，这样的故事，经由绘本讲给孩子们听，也讲给自己听。它不仅仅是一个故事，更是蕴含着对生命意义的感悟。凡上了年岁的人，对绘本里面的这句话会有特别的感触：40多年一瞬间过去了。等再想追的时候，再也追不回来了。往往会有遗憾：在一起的时候真没有好好儿珍惜啊。那个包容你，让你任性，让你尝遍快乐童年的老人，不在了。在一起的相聚是多么有限啊，而分离是长久的！即使珍惜，加倍地珍惜，也会分离。

有一首歌，是刘和刚唱的《拉着妈妈的手》，歌词唱得多好啊：拉住妈妈的手，泪水往下流，那双手虽然粗糙，可是她最温柔；拉住妈妈的手，幸福在心头，千万别松开那份最美的守候。

那双手，那份爱，在你需要她的时候，立刻伸出来，给你。

梅老师为这个故事写下这样一首短诗：

当我们想念时，很深地爱着，真切走回到长大的路上，就会有许多故事。就笑啊笑啊，流下那么多眼泪，让我们，一个一个，都成了诗人。我们的诗，又变成笑啊笑，流出许多许多泪，印在别的生命里。

珍惜，别让爱，来不及表达！

interview

访谈

为爱朗读：做一件让世界变得更美丽的事

文 / 李秀滨

河北教育出版社

花婆婆

作者：[美] 芭芭拉·库尼 文/图，方素珍 译
定价：32.80元

《花婆婆》这个故事特别感染我：故事中那个小女孩儿艾丽丝说将来要像爷爷一样，去世界各地旅行，住在海边的房子里，爷爷则嘱咐她千万别忘了第三件最重要的事，即做一件让世界更美丽的事。于是小女孩儿无论走到哪里，都念念不忘地倾己之力去做那件让世界美丽的事。她在漫山遍野播撒种子，种下了美丽的鲁冰花……在浮躁焦虑怀疑滋生的当下，做一件让世界美丽的事，何尝不是你我内心都拥有的梦想呢？

作为哈尔滨播音名家，已经离休的李秀滨老师在家除了专业教学指导外，很多精力用在帮助工作忙碌的儿子儿媳照看快满3岁的小孙女。爱自己的血脉孙辈的同时也心系更多孩子的语言表达和阅读习惯养成。做一位读书给孩子听的好老师、好家长，德艺双馨的播音艺术家用自己的声音魅力和经验启发指导更多爱孩子的阅读推广人。

问：秀滨老师，您可以说为播音事业贡献了一辈子，今天为冰城的孩子们录制包括《花婆婆》在内的绘本故事，能说说您的心情吗？

答：在播音主持职业生涯里，我实践了40多年，直到今天，我仍然深爱着这个事业。用声音传递和表达，是我的另一副面孔。为世界添一份美好，是我爱这个事业而期许实现的终极目标，这也正是我所读的这本《花婆婆》里所表达的宗旨。

问：在您播音的历程中，可谓是技艺全覆盖的大家。从新闻到长篇小说；从影视剧配音，到各种会议或节目主持……曾做过多种尝试，自然也有过多种体验。您能给我们介绍一下，绘本的朗读与其他题材最大的不同是什么？给孩子朗读的时候该注意些什么？

答：绘本朗读与其他儿童题材的播音相较而言，对象感不同，赋予我们传达的声音基调和感情色彩势必不同。用孩子喜欢的语气、语调，他们才会更有画面感，才会按照你所讲述的情境去想象。在我朗读儿童作品的时候，无论绘本也好、童话故事也好，真的觉得特别过瘾。这不同于面向成人的播音题材，会有许多框框必须遵循，而在读给孩子听的声音作品中，尽可以有创造性的发挥，就如同用声音做一场精彩的表演。优秀的儿童题材朗读，需要有一定的播音基础，因为这些作品极富创造力和想象空间。在朗读的时候，不但要有情感的倾注，更需要运用朗读的技巧，将故事情节中刻画的氛围表现得饱满，将孩子有效地带入故事的情境中。只有这样，读出来的故事才有滋有味，吸引小听众。我曾于20世纪80年代初在哈尔滨广播电台做过少儿节目，对一些寓言、童话故事的播读，以及后来的译制片配音，对于我来说都是相对难得的锻炼，至今再回顾那些经典的作品时，脑海里仍然能闪现出当时的画面来。好的声音形象，真的是可以在记忆里扎根的。

问：现在越来越多的家长已经意识到了亲子共读的重要性，而且也有了实际行动，经常会给孩子们读些绘本故事、寓言、童话之类的，您能否就您刚为孩子们录制的《花婆婆》这个故事，为大家做些具体的技术性指导呢？

答：在为"声动冰城·为爱朗读"录制《花婆婆》这个绘本故事时，我的小孙女才1岁多，还听不了太长的、情节较多的故事。但是这个小精灵给了我许多灵感，让我知道，该怎样和孩子说话。在读这个故事时，我觉得无论是成人听还是孩子听，都要让人产生一种美好的感觉。所以在整个朗读的声音基调和情绪表达上，都要求是美好的，加上故事的情节的引人入胜，如此内外兼修，打动人心、唤起听者的共鸣就是必然的事了。

当然，在朗读中要有技巧的运用，只有恰当地运用了技巧，在叙述、人物对话中有合适的变化，体现出故事情节的推进，才能成功地吸引注意力不容易长时间集中的小宝贝们，使他们能听到结尾，感受其中的美好。

李秀滨，自1973年参加工作后，做了40余年的专业播音员、主持人、译制片配音演员、电视片配音工作等，以丰富的播音经验和资深的专业阅历吸引了几代听众。退休后经常被请去做专业的播音培训工作，又培养出一批批优秀人才走向播音岗位。她还格外支持儿童朗读、绘本阅读的推广活动。

在绘本故事中，有许多是通过角色对话来体现人物性格的，这在朗读中是最需要着重把握的部分。它不同于舞台表演，可以通过不同角色的动作及场景来展现性格和情绪，所以读绘本时要注意拿捏对话的变化，与叙述区分开，火候必须把握得恰到好处。

问：我们身边许多家长很重视孩子的早期教育，唯恐孩子输在起跑线上，国学班、口才表演班等是家长们常有的选择。您认为朗读能力对孩子的语言智能的培养有什么意义呢？

答：朗读对孩子听、说、读、写能力的助益具有不可替代的意义，这一点我是深信不疑的，但接受的培训必须科学才好，否则可能有害无益。

如果儿童从小接触到的朗读者普通话很标准，他们自然会通过超乎成人想象的模仿能力而受益匪浅。倘若接触到的朗读人发音并不规范，则会适得其反。比如，我们北方人普通话的调值就不是太好，甚至包括有些小学的语文老师也不甚理想，这其实对于孩子聆听时接收的表情达意的信号是有不利影响的。

问：儿童的口才能力培训从什么时候开始为好？家长选择的时候应该注意些什么？

答：我不主张孩子在太小的时候接受口才表演的培训，抛开师资是否规范不说，只就受训的孩子来说，低龄儿童还不能很好地理解语言的内涵，也没有鉴别能力，把握其中的语意还是很困难的。另外，多注重锻炼孩子的语言表达任重道远。我曾经教过高三的报考传媒学院播音主持的学生，深深感到相当多的孩子在学校期间接受的语言表达训练实在是太欠缺了。比如，在让他们做些文学作品朗读或即兴评述时，许多孩子完全不知道如何抒发感情。因而可以说，当下的所谓阅读，国人大都还停留在翻阅、默读层面，而在真正地用声音传情达意，更深刻地体味作品中的内涵上还有很漫长的路要走。所以就培养文学素养而言，朗读是一门必修课。这直接影响到每个人的情感表达，与人沟通交流和社会智能的建构。

林林总总说了这么多，还是要归结到一个最让我欣慰的主题上来，为爱朗读，用声音为这个世界做一件美丽的事，是我们的共同心愿，那就让我们齐心协力地努力做下去吧！

做一只爱书的"萤火虫"

文 / 余治莹

青岛出版社

做个爱书人

作者：［美］巴巴拉·伯特纳 文，迈克尔·艾伯力 图，余治莹 译
定价：13.33元

做一只爱书的萤火虫，为儿童阅读发出光亮。我觉得老师、小朋友首先要喜欢书，这样才能引起读书的兴趣。当他喜欢这本书的时候，他就会想方设法地让别人也去读。甚至会把书讲给别人听，与别人交流。故事中的这个小女孩本来也不爱读书，可是有一天，当她发现了一本跟孩子有关的书，她觉得很有意思，很喜欢，所以就会拿来读。所以，家长们一定找到孩子们喜欢的书。

2015年6月20日—22日，"海峡两岸专家绘本阅读东北研习营"在哈尔滨举办，来自台湾的著名阅读推广人余治莹、张大光及大陆的数位学前教育界、出版界和互联网界从业者，带来了一场绘本阅读教育思维方式的"跨界"交锋，也为信息交流比较闭塞落后的东北绘本阅读推广界带来暖意春风。收到"声动冰城·为爱朗读"公益活动主办方的邀请，余治莹老师真诚地为爱发声，并分享了台湾地区在绘本的赏鉴、阅读策略、故事讲述技巧与写作教学等方面的经验。

问：余老师，如果我没记错，您说过最喜欢萤火虫，自己想做儿童阅读的萤火虫，为小读者发出一点点亮光。目前，海峡两岸，您在亲子共读及深度赏析童话书方面也做了大量的实践，在您心里，亲子共读的意义何在？

答：孩子最早的阅读时光，一定是与爸爸妈妈在一起的。第一任老师，就是爸爸妈妈，与他们在一起，在爱与温暖的怀抱中开始读书。爸爸妈妈不但是提供者、聆听者，还是朗读者、讨论者。孩子喜不喜欢读书，与爸妈有关。亲子共读非常重要，不能把读书交给老师和其他社会大众，而要与孩子一起，从自己做起，让孩子在爱与温暖中开始读书。

问：余老师，为什么说深度赏析童话书是亲子共读的重点，特别特别重要，否则相当于白读了呢？

答：许多人以为读了就是懂了，其实不然，有的孩子听了很多有趣的故事，但并不能读懂童话书中的道理，所以老师和家长在与孩子共读时，一定要讨论，观察孩子是否明白故事中的深意，这样才对孩子有真正的帮助。当然，不要给孩子压力，说一些大道理，要通过有趣的方法，和分层次的讨论与提问，引导孩子能够进行深度阅读。

有些进行亲子阅读的家长认为孩子深度赏析童话书的能力比较低，会影响深度阅读的效果。引导孩子深度赏析阅读不是容易的工作，要循序渐进。所以父母要使自己的家庭成为学习型家庭，与孩子一起学习。开始时，可以先慢慢引导孩子，不要把压力转给孩子。通过提问，做一些有趣的活动，引导孩子深度了解童话书的含义。社会上有许多赏析童话书的文章和讲座，爸爸妈妈也可以在自己学完之后再与孩子分享。

问：余老师，您翻译过的童书那么多，您最喜欢哪本？

《跳舞》可以算是很喜欢的一本。许多书告诉孩子爸爸妈妈是如何爱他的，我们引导孩子读书就是让他们懂得爱。但这本书中的爸爸表达爱的方式是默默地关注，不是言语和拥抱。这本书其实是在说，除了语言，爱还有很多表达的方式。

另外，安东尼·布朗是我最喜欢的作家之一，我翻译他的儿童读物有16本之多。书中画的许多细节，是引导孩子自己学会发现，发现之后便有很大的乐趣。他是超现实画派的画家，有许多画面能引起孩子的思考，让孩子感受爱。如果你看完他的童话书，会感觉到他好喜欢说爱，他的爱无所不在，有爸妈对孩子的爱，人与动物之间的爱，朋友之间的爱……这个世界光明灿烂，大家都爱着彼此。

问：台湾亲子共读经历了哪些阶段？哈尔滨有什么可以借鉴的吗？

做个爱书人 余治莹
台湾儿童文学作家

余治莹，儿童文学作家，绘本翻译，童书评论者，绘本读写教学研究者；任海峡两岸儿童文学研究会第六届理事长，北京首都师范大学学前教育学院绘本中心顾问等。目前在"两岸三地"推广早期阅读、绘本与少年小说的阅读策略、绘本读写教学、亲子共读等。著有包括《冬瓜奶奶有法宝》《最棒的毕业礼物》等20余本绘本，编译过上千本绘本及少年小说，曾获30余项"年度最佳童书奖"。

答：亲子阅读发展到今天也不是件容易的事情，也是推动了几十年。起初家长因为忙着赚钱，会不理解为什么还要共读。但是我们提醒公众，孩子的童年只有一个，胎儿期就开始了，错过了就没有了，所以越来越多的家长注意到了共读的重要性。哈尔滨可以借鉴这个过程中的许多经验，如多办些亲子讲座，鼓励爸妈多听故事、讲故事，感受亲子共读的乐趣，许多小朋友一起交流。当电台做相关宣传时，也要仔细聆听。

亲子共读对于孩子的成长而言，是个影响他一生的事，我愿意像萤火虫一样，哪怕只给那个孩子带去了一点点的光亮，让他认清前行的路，就足够了。

在亲子共读中，煮一碗美味肉丸子汤

文　/　张大光

贵州出版集团
贵州人民出版社

爷爷的肉丸子汤

作者：［日］角野荣子 文，［日］市川里美 图，彭懿 译
定价：26.80元

选择《爷爷的肉丸子汤》这本书时，正逢父亲节。这个故事讲述的正是现实生活经常会遇到的问题，那就是爷爷、奶奶、姥姥、姥爷对隔辈子孙付出了很多，而许多时候爸爸妈妈对他们的感受关注还不够多。这本书传达的是一种生命教育，我们该如何面对亲人的逝去。在当下出版的诸多绘本当中，很少提到这方面的主题，而这本书中的爷爷就是位非常可爱的老人，在奶奶去世了之后，他还能以很可爱、很乐观的形象展示给我们，这是我推荐这个绘本的重要原因。

2015年6月20—22日，"海峡两岸专家绘本阅读东北研习营"在哈尔滨举办，来自台湾的著名阅读推广人余治莹、张大光及大陆的数位学前教育界、出版界和互联网界从业者，带来了一场绘本阅读教育思维方式的"跨界"交锋，也为信息交流比较闭塞落后的东北绘本阅读推广界带来暖意春风。收到"声动冰城·为爱朗读"公益活动主办方的邀请，张爸爸爽快接受了。他刚结束研习营一下午的教学，就"马不停蹄"地奔到录音采访现场。张爸爸把自己在台湾开始阅读推广、探索讲故事技巧及故事屋经营等方面多年积累的经验和经历与我们分享，尽管其中不乏酸楚苦辣，但他愉快真诚地分享了整个过程，其幸福状态令人敬意满满，收获颇丰。

问：张爸爸，您是许多孩子都熟知的故事大王，他们都喜欢听您的故事，您是如何定义好爸爸的？

答：我认为，只要愿意陪伴孩子的爸爸，就是好爸爸。现在有许多爸爸在事业上打拼，不经常陪伴孩子，回家的时候会送给孩子礼物，以为那就是对孩子的爱。而事实上，世界上太多人都喜欢圣诞老人，喜欢他送来的礼物，但不是爱他。所以常常听到家长说，孩子到了某个阶段会叛逆。

其实不是所谓的"叛逆"，而是因为不了解孩子，如果你随时了解了孩子的内心，并且懂得孩子的想法，他就不会叛逆。爸爸在家庭亲子教育中扮演的角色往往比较中性，因为妈妈更容易投入情感，而爸爸比较成熟，给孩子的影响更稳定。

在早期教育中，妈妈是绝对的主力。但近几年，陪孩子共读的爸爸越来越多，已经从量变到质变。爸爸参与的比例在增大，这是非常智慧的做法。每天亲子共读，是最容易接近孩子的方式。每天爸爸只要花上十分钟、十五分钟，说故事给孩子听，而且会扮演有趣的角色，讲故事的时候放得开，对孩子是很有吸引力的。在这样的时候，爸爸妈妈还可以分享孩子的一些小秘密。

问：随着家长教育理念的更新，已经有越来越多的家长意识到，亲子共读意义非凡，您和我们分享一下，与孩子共读时该注意些什么？

答：亲子共读是当下大力推广的，我常常和家长说，没有讲不好故事的家长，所以家长们不要说自己讲不好故事。我不赞成念故事，主张讲给孩子听。连小朋友都会童言无忌，他不会说"我爸爸妈妈不会讲故事"，而是会说"爸爸没用心讲故事，他在玩手机……"

尤其应注意的是不要照书念，其实孩子很可能不知道在念什么。小朋友更容易被颜色鲜艳、形象生动的图画吸引，而注意力也未必分散到听力上，所以家长一定要提前看一遍，再在理解的基础上给孩子讲，这种讲述才能与孩子的思维同步。这也许算不上什么技巧，只是个小方法而已。

有的家长会顾虑，睡前讲故事，会不会使孩子更兴奋，延迟睡眠时间。我认为，这是个很容易解决的事，只要打出时间量，提前准备一些时间就可以了。陪他讲完故事，不会马上离

张大光，台湾著名儿童阅读推广人，两个孩子的父亲，创办了全球第一家故事屋，自2004年开业至今会员总数超过2万人。他独特的绘本故事创编方式和讲授技巧，使其成为台北故宫博物院等场所故事志工培训首席培训师，并著有《不教孩子，只说故事》《张爸爸教你陪孩子玩故事》《喂故事长大的孩子》等儿童书。

开，这是个很宝贵的共处时间，合上书、关灯，陪他睡觉，这会让他有安全感，情绪很容易平复。

问：如今绘本馆遍地开花，以令人欣喜的势头兴起，这些绘本馆如何为孩子们提供服务，才能使早教阅读"增味儿"呢？

答：当下，无论是哈尔滨还是全国，绘本馆的兴建都是一个热潮，它的社会效益是显而易见的。开设绘本馆肯定不能仅以借书为主要经营项目，因为你不会有国家公办的图书馆藏书丰富。而绘本馆的营销手段是可以开展很多线上线下有益于儿童早教的活动，这是让绘本馆富有生命力的关键。

在绘本馆做什么样的活动呢？如果在绘本馆里做的是舞蹈、美术、音乐等方面的活动，那显然也是不合适的，因为这里显然不会比专门的舞蹈、美术班做得专业。而绘本馆的活动，就应该是通过绘本故事延伸出许多有趣的活动，与绘本有关的美术、道具或其他概念的有趣的活动，只有这样，绘本馆才是独具特色的早教机构，员工才不会只是图书管理员。

问：目前各种新媒体的应用，对儿童文化产业是一种丰富和补充。是不是就可以代替家长的共读了？

答：事实上，播放在线软件或录音的故事，只是个单向的学习。孩子在听的过程中会问到很多问题，这是他在思考的结果，你的答疑解惑，正是帮助他逻辑思维形成的一个最好方式。这样做就是由单向的施教变成了双向的早教。在讲故事的过程中，孩子已经获得了很好的陶冶和培养，家长万万不可错过这宝贵的早教关键期，亲子共读的孩子在语言和表达能力上都有明显的提高。

目前倾力在绘本馆、亲子阅读方面进行推广的人士越来越多，这对孩子来说是件幸事，也是我们社会对儿童早期阅读教育开发的一大进步。我们很有信心，愿同大家一起努力，让更多的孩子受益，如同享受到爷爷煮的那碗美味的"肉丸子汤"。

"花婆婆"：把阅读的种子撒向世界各地

文 / 方素珍

电子工业出版社

不学写字有坏处

作者：方素珍 文，江书婷 图
定价：28.00元

其实《不学写字有坏处》（又名《你会写字吗》）这个绘本，是由我在1977年写的一首情诗演变而来。当时是写给一个男生的，他并没有反应，我就将诗寄去参加比赛，结果获了头奖。多年后，我将情诗写成了一本绘本，用来鼓励孩子们认真学习写字。画家江书婷将绘本里的形象画得非常可爱，如蚂蚁、毛毛虫都画得活灵活现，所以小朋友很容易被吸引。

2015年9月23日，黑龙江省图书馆"龙江讲坛"邀请台湾资深儿童文学作家方素珍老师到哈尔滨开办"开心读绘本·创意玩绘本"大型公益讲座。听说哈尔滨的好老师、好爸妈们正在身体力行开展帮助视障儿童和乡村小学孩子们的绘本阅读推广活动，方素珍老师很感动，并积极热情地参与支持。在长春少儿图书馆馆长姚淑惠女士的陪同下，方素珍老师录制了自己创作的绘本故事《不学写字有坏处》并加入阅读推广大使队伍当中，将自己在绘本创作、研究、推广实践中积累的实用经验倾囊相授。

问：亲爱的方老师，很高兴这次您来做公益讲座时还能在百忙中支持我们的"声动冰城·为爱朗读"活动，小读者及家长们对您都是久闻大名，欢迎您的到来！

答：我很开心能来到哈尔滨，为视障儿童分享我自己早年创作的一个绘本，而且是在如此正规的录音棚里录制。尤其知道这样的录制是为视障儿童做点事儿，心里也很激动。在绘本推广事业中，我已经做了25年，就像我翻译的《花婆婆》那本书里讲的故事一样，我乐意做"花婆婆"的代言人，播撒阅读的种子，做一件让世界变得更美丽的事。

问：方老师，借今天这个机会，请您为我们的孩子和家长指导一下，阅读诚然是提高素养和能力的一个有效手段，而具体来讲，您有哪些心得可以与我们分享呢？

答：身为妈妈和作者，我最想与朋友们分享的是，阅读能培养我们写作的创意能力，创意就是把不可能变成可能。如何让自己更有创意呢？我认为有四把金钥匙：第一把是多观察。比如，一片叶子，有人看到的就只是一片叶子，有人看到的是叶子上有个洞，而我看到叶子的洞，则联想到是一只虫在咬字。第二把钥匙就是联想，联想让人产生创意，富有创造性。第三把钥匙则是乐于欣赏，旅行时欣赏好山好水好人情，会丰富灵感。比如，此行来到哈尔滨，看见漂亮的果戈里书店，就特别感动，"多欣赏"能让自己的创意更有积极性。第四把金钥匙最重要，就是多阅读。阅读可以吸收更多的能量，可以产生创作灵感，打开创意之门。

问：您常说，选择好绘本帮我们打开创意之门，对这句话家长朋友们究竟该如何理解和实践呢？

答：绘本是打开创意之门的好载体，读懂绘本，对儿童的语言智能的启蒙有非凡的意义。其实，怎样读懂绘本的文与图并不是想象的那么简单，画家的画，想表现什么？短短的文字与图画如何相得益彰？都会留给读者思考的空间，有些家长对孩子说："这个绘本没几个字，翻一翻就可以放回书架了，走吧!没有必要买。"其实家长因为不了解绘本的含义，也就谈不上引导孩子欣赏和领悟了。

问：大陆在2005年前后大量引入绘本，包括原版外国绘本、台版绘本以及当下越来越多的原创作品，已达到5万多种。海量的绘本中，家长们究竟该如何选择？您给大家一些建议吧!

答：首先可以参考获得世界大奖的经典绘本，以及有口碑的出版社所推荐的书目，毕竟那是经过多年的反馈得出的结论。其次，从2015年起，开始有了大量反映民族文化的原创绘本作品问世，也是可以参考选择的。

问：家长在带领孩子共读时应该注意哪些问题？

答：如今大陆的家长都非常注重孩子的早期阅读，但因为方法和意识等原因，在引导孩子阅

方素珍，台湾资深儿童文学作家，从事童诗、童话和绘本创作、翻译，以及编写语文教科书和故事志工的培训。多年来在海峡两岸、香港、新加坡、马来西亚等地推广阅读，历任海峡两岸儿童文学研究会理事长、康轩语文教科书编委等。著有《我有友情要出租》《你会写字吗》《妈妈心妈妈树》《天天星期三》《外婆住在香水村》等200多种绘本图书。

读时仍有一些困惑和误区。阅读其实有很多种方式，最简单的是亲子共读。这种共读并不需要太花哨的技巧，家长只要为孩子把书放在床头，睡前打开一本，为他轻轻地朗读即可。对0—6岁的孩子而言，共读的最好时机是临睡前，我常对家长说"睡前一刻钟，亲子关系向前冲"。白天家长都很忙，而在孩子临睡前，搂着他，读故事给他听，不必有太多的手势动作，也不必有夸张的语音，如学小猫叫小狗叫，只要用自然的语气讲述其中的情节就很好了。每天此时，孩子这块"电池"刚好用得差不多了，临睡前躺在爸爸或妈妈的怀里，是最有安全感和幸福感的时候，此时向他传达人生智慧最为有效，即润物细无声地把绘本里的故事含义传达给孩子。绘本阅读还有很多可以延伸的活动，甚至包括自己动手做绘本小书，这对孩子、家长及绘本发烧友来讲，就是把不可能变为可能，是富有创意的过程。

问：方老师，您作为两个孩子的母亲，能不能告诉大家，您是如何陪两个孩子亲子共读的？如何做一个给孩子读书听的好老师、好妈妈？

答：我有两个儿子，我用绘本共读陪伴他们长大，老二在20岁时曾说："妈妈，你给我讲的故事，那些道理已经成为我的人格特质了。"我想，这是因为我在与他共读的过程中，或是我在翻译、创作绘本时，我都会对孩子传达生命的意义，引导孩子选择待人处事的正确方法。我认为当下所教给孩子的，将来都会在孩子的生活中慢慢体现出来。要提醒大家的是，陪孩子阅读时，不要太过功利，不要追求立竿见影的功效，阅读应该是轻松的、幸福的。在学校已有正规的文化知识教育，在校外则可以轻松有趣地享受阅读的愉悦。想当年我的爸妈也是这样等待我成长的，从小我的学业成绩也不出色，他们根本没想到我后来能在写作路上走得这么远。

阅读，让我们受用一生，教会我们如何接人待物，慢慢地，润物细无声般地丰满着、装点着每一天的生活。最后用一段话祝福大家：

读一本好书，就说给孩子听，这是分享快乐；
读一本好书，就送给孩子看，这是传递智慧。
有快乐、有智慧，就是幸福阅读。

让阅读中的每一个善举，种下最美的森林

我为什么向孩子们推荐《每一个善举》

文 / 敖 德

河北出版传媒集团
河北少年儿童出版社

每一个善举

作者: [美] 杰奎琳·伍德森 文，[美] E. B. 刘易斯 图，王芳 译
定价: 29.80元

《每一个善举》是我目前发现的唯一一个以校园欺凌为题材的绘本。我曾经就是校园欺凌的受害者，童年时遭遇同学的嘲笑、歧视、孤立。我深深知道，不被同学接纳是多么痛苦的事，这对一个孩子的成长有着巨大的伤害。目前校园欺凌仍然是比较突出的校园问题，我很希望能给老师和家长提个醒，有些孩子可能并不会和老师、家长说出真相，而是在心里默默承受，这更需要我们对孩子进行疏导，渡过这一难关，这也是我推荐这本书的价值所在。

2015年10月10日，北斗耕林文化传媒(北京)有限公司总编辑敖德来哈尔滨举办"阅读与梦想""如何为孩子选本好书"等系列讲座，受到育儿家长一致好评。经哈尔滨阅读推广人荷爸、爱佳老师引荐介绍，敖德老师非常热情地鼓励支持"声动冰城·为爱朗读"的公益活动，他动情地分享自己心底的童年成长经历，并真诚推荐绘本故事《每一个善举》。

问：敖德老师，这次来到冰城哈尔滨，请您谈谈感受到的这个城市的儿童阅读氛围是怎样的？

答：这是我第一次来哈尔滨。近年来，全国掀起了绘本推广热潮，哈尔滨也不例外，最近一年，图书界的出版人、推广人士光临哈尔滨的机会多了很多。我国从1999年开始渐渐有绘本阅读风的兴起，到了2005年，绘本出版热潮已经席卷全国。这与微信的兴起让传播无障碍极有关系，无论线上线下，从书店到学校、幼儿园，专业人士及家长都在推广绘本阅读。

问：关于绘本，家长在引导孩子阅读的时候，也会或多或少地步入一些误区。比如，他们希望亲子共读，认为这样孩子很快就有所提高和进步。您是怎样解读亲子共读的意义呢?

答：每个人对读书抱有的目的是不一样的，有的人为了提高成绩，有的人为了扩展知识面……对我而言，我是农村长大的孩子，5岁开始放牛，我的童年是匮乏的，物质、精神都是匮乏的，所以特别渴望读书，但凡有一本书，都要把书读到烂了为止。当了父亲之后，我了解到当下的时代，绘本是世界公认的对孩子最好的读物。我想让我的孩子多去接触，虽不知道这对他的成长能有多大作用，他会有什么样的变化，但我想读与不读，效果一定是不一样的。我认为，绘本可以使心思细腻，情感丰富，享受无目的的美好。就像做藏猫猫的游戏，从2岁玩到12岁，为什么百玩不厌呢，因为诉求点是不一样的。阅读也一样，寓意的深度有多深，并不重要，重要的是在孩子听到或看到的绘本故事，能给他带来多少满足和幸福感。也许他当时没理解，但几年之后，理解了，他会感悟，爸爸给我讲过那些有趣的故事……我会通过阅读，让我们父子之间度过一段美好的时光。以后开不开花不重要，但我相信，一定会开花的。

问：您一再强调，阅读不能带有任何功利性，为什么这样说呢?

答：成人看绘本，和孩子是不一样的，诉求点不一样。成人带着目的性。我是一个孩子的爸爸，同时也是一个出版人，我是希望我推荐的书能让家长认同，能找到他们的诉求点。我们的父母课堂还很缺乏，当父母容易，怎么当好却很难。孩子出现负面情绪，我们如何应对，太多人是束手无策的。这时候我们可以用绘本去举例，如何理解他们、帮助他们、成就孩子，引导的时候一定不能带有功利性。我个人对孩子的教育走了一条非常规的路，非传统的路。如果发现现在所学的东西，将来可能就落后了没用了，那么就不用浪费过多的时间和精力在这上面。我们赶上了一个好时代，可以有太多的选择，千万不要让所有的人，都选择同样一种教育。

问：您是比较有特点的出版人，比如说在美育教育方面很有专长，您在出书与推广书目的时候就非常注重绘本的画面，这是为什么呢?

敖德，网名敖特尔爸爸，蒙古人，北斗耕林文化传媒(北京)有限公司总编辑。因为喜欢书而从事出版业，爱书就像爱自己的儿子一样。成功策划编辑过畅销600万册之多的《不一样的卡梅拉》。该书成为当当网终身五星级童书，广受业内肯定和读者的欢迎。自创公司后，又相继推出一系列重磅图书，如《最美的科普》《金色童书名家精选》等，深受市场与读者的欢迎。

答：我从很多年前就提出美育教育的观点，几乎是出版界第一个提出美育教育的，因为我本身是美术专业的。中国的教育没有美育教育，但是美具有看不见的竞争力。生活中用得最多的就是美，比如我们对身上的衣服，使用的餐具，以及车、房子、手机……都要选择美的，设计得好看的。但书和生活用品又不一样，我们的公共服务设施，美术馆也不足。别人救不了我们的时候，我们要自救，绘本是最好的教材。每天都去翻阅带有图画的书，如果这种书能够终生陪伴，那么艺术教育也会是终生的，我们在阅读的同时，得到了另外的收获，那就是美育。我们买书，不要只图便宜，还要注重插图和绘画。不要以为孩子小的时候看不懂，大了才懂。品酒师、美食鉴别师、香水鉴别师……都要经过长期大量的训练。阅读也一样，大人读无字书可能会不喜欢，是因为不会读。太多的人在炫耀自己的高学历，但你有可能连一本无字书都读不懂，能不能欣赏得了艺术，真的与年龄没有关系。

问：您做出版读物时追求的理念是什么？

答：我想做最独特的一家。做出版不能光注重利益，否则10%的毛利润肯定过不上好日子，但做出版却可能是幸福的。我的出版观，是要对孩子有积极的影响，是希望为孩子构建一个全面而综合的知识体系，应该读文史哲、科学、艺术，甚至宗教、社会。这不是为了将来考学。我们不知道孩子将来会在什么领域发展，他会有什么样的变化。但他可能在人生中读了那一本书，而那本书可以改变他的未来。如果从未读过，那可能就错过了一条本该属于他的路。我在2001年时，读了《谁动了我的奶酪》，于是就下决心去北京，寻找我的梦。我至今感谢那本书，书给了我走出既定生活的勇气。比如，我们出版的那套"最美的阅读森林"，便是在建立生态完整的阅读系列。推广一本好书的意义，无疑是一个最美的善举。

人活着的意义，应该是为你所生活的地球、环境、社区、家庭……做一点儿能改变社会的事，让它变得更好。这么多喜欢阅读的人，不遗余力地向其他人推广阅读，都是为了让世界变得更好，也许短时间内没有巨大的效果，但是我们发自内心地喜欢去做，这是最好的机缘，可能我们不都曾谋面，但我们已经成为好朋友了。

在本书众筹中大力支持并倾情赞助的机构及机构负责人

大连红月亮儿童图书馆创始人——王秀岩。大连红月亮儿童图书馆成立于2014年9月，经由大连市民政局注册、文化局为业务主管部门的非营利性质的儿童图书馆。四层温馨的阅读空间，建筑面积近1 000平方米。以打造优质阅读生态、让妈妈成为更好的妈妈为使命，不断探索和创新。

王伟教育机构·金笔教育名苑负责人——王伟。王伟教育机构·金笔教育名苑是一所具有浓郁文学氛围的专业文科学校。"专注于语文"为办学特色，校长王伟坚守一线教学岗位，将抵岸绘本馆多国绘本及国学精髓融入教学体系，以仁爱与唤醒为教育底色，系统完成少年儿童文学启蒙教学，引领学生成长、成才、成功！

哈尔滨雲石教育校长——刘茗。哈尔滨雲石教育是一座拥有1 000平方米教学场地的综合教学体。其中包括小学精品课程辅导，还包括钢琴、声乐、英语、书法、绘画、国际象棋等。所有授课教师均由省内著名一线教师担任！

绿茶书坊联合创始人——绿茶。绿茶书坊是哈尔滨第一家真正意义上的独立书店。这里有数千本精选儿童绘本、迷你影院、解忧杂货铺、故事餐厅。周末还有亲子读书活动、创意手工教室、咖啡课堂、公益讲座等，是一家有情怀、有格调、有温度、更有欢乐的书店。

云游网雪孩子儿童户外俱乐部。哈尔滨第一家亲子定制旅游机构，成立于2008年3月28日。开展青少年游学、户外、拓展、家长课堂、爱心公益等活动。拥有会员累计达5 000余人。网站的理念：一起分享，一起成长！云游网首创的"爱心小报童""雪乡穿越""一路书香下江南"游学等活动，深受家长和孩子们喜爱。

海翙教育创始人兼校长——邵羽。海翙教育"海翙机器人"专注儿童创新能力的培养，由清华大学、哈尔滨工业大学专家组成技术研发团队。全部采用进口教具，是省机器人运动协会指定竞赛俱乐部，曾在全国机器人大赛中获得多项一等奖，以专业与先进的办学理念深受家长和学员的好评。

和悦家庭教育指导中心高级顾问——史萌。和悦家庭教育指导中心是一家专业的教育机构，在哈尔滨家庭教育领域具有一定的权威性和影响力。中心为广大家庭提供家庭教育的系统辅导和咨询工作，并普及与宣传家庭教育的新观念、新知识和新方法。

惠子老师绘画心理乐园创办人——王慧。惠子老师绘画心理乐园是全国第二家、黑龙江省第一家致力于儿童绘画心理的研究机构，通过绘本绘画、自由绘画、主题绘画，同时结合布艺、陶艺、食物料理等形式，给孩子完全自由、放松的创作空间，帮助孩子们形成良好的心态。

卓根·新派教育校长——李志国。卓根·新派教育是专业的幼少儿英语培训机构，自2002年建校以来一直致力于少儿的英语能力的全面培养，并且引入OPOL家庭浸入式英语教学，为孩子打造家庭全英学习环境，取得了显著的效果。卓根·新派教育将为社会培养更多素质全面的国际型人才！

刘英，8岁女孩儿的妈妈，哈尔滨经济广播电台高级编辑、记者，《972亲子乐陶陶》《972名医面对面》节目监制兼主持人，致力于家庭教育和亲子阅读推广；美国HTT"如何说孩子才会听"课程国内首批认证讲师；"故事妈妈"哈尔滨首批志愿者。是一位心中有爱、有梦想的电台主持人，通过自己的工作为育儿家庭提供帮助！

虎林市教师进修学校学前部主任——牛淑芳。虎林市教师进修学校始建于1952年，现有教职工51人，学校以实施虎林地区中小学教师继续教育工作为主要任务，是全市开展中小学、幼儿教师继续教育工作的培训、研究和服务中心，是黑龙江省重点一类教师进修学校，黑龙江省文明标兵单位。

老约翰北京东城儿童阅读馆负责人——赵轶君。老约翰北京东城儿童阅读馆致力于儿童阅读推广与实践。负责人赵轶君创办了"晚间故事八点伴"有声电台，分享经典绘本、儿童文学、诗歌、童话等，感染许多家长和孩子一起爱上阅读。多次受邀到小学校、社区开展读书会活动，将阅读的种子播撒在孩子的童年里！

林楠，哈尔滨市继红小学校班主任教师。热爱读书，也乐于引导孩子们读书，常常把书本作为礼物送给孩子们。自从绘本悄然兴起，就爱上了绘本阅读，自己收藏绘本近百余本。希望通过书本，走进孩子们的心灵，帮助他们健康快乐地成长！

刘玥，哈尔滨市妇联托幼实验中心教师。连续两年被评为哈尔滨市直机关"新一代创业标兵"；市直机关"创新创优能手"；获得市妇联记功奖励；妇联系统优秀教师。从事教学工作十余年，对绘本教学有着特殊的感情，积极向家长和孩子们推广绘本阅读。专注绘本教学研究，是哈尔滨市道里区绘本研究工作室的带头人。

潘虹，黑龙江省食品药品监督管理局调研员。1985年入伍，1990年军校毕业，一直从事医疗工作，2006年转业到黑龙江省食品药品监督管理局。

王秋菊，2001年毕业于哈尔滨市师范大学化学教育专业，在哈尔滨市第四中学从教15年。曾荣获"哈尔滨市优秀教师""哈尔滨市师德先进个人"等荣誉。爱生活，爱教育事业，爱给7岁的女儿读书讲故事。身为教育工作者和孩子的妈妈，愿意为阅读事业贡献自己的力量。

张瑞，哈尔滨医科大学第四附属医院影像科医生。

孙辰也，哈尔滨师大附属中学高一学生。从小喜欢读书，平时经常去新华书店、三联书店翻阅喜欢的书籍，寒暑假期间经常在图书馆阅览室度过。他是个有爱心的孩子，多次将小时候喜欢的图书捐给学弟学妹，他希望所有的孩子跟他一样热爱书籍、热爱读书。

杨子舒涵，就读哈尔滨市南岗区清滨小学校，任校大队部组织委员，连续三年被评为"三好学生"，获哈尔滨市南岗区"优秀少先队员""美德阳光少年之星"等荣誉。爱好文学，有爱心，热爱朗读，希望在自己11岁生日之际留下一丝淡淡的余香。